KB194452

행복 공화국 대통령 서대반 장로의 행복학 시리즈 4

부부 행복학

행복 공화국 대통령 서대반 장로의 행복학 시리즈 4

부부 행복학

발행일	2019년 8월 7일

지은이	서대반		
펴낸이	손형국		
펴낸곳	(주)북랩		
편집인	선일영	편집	오경진, 강대건, 최승헌, 최예은, 김경무
디자인	이현수, 김민하, 한수희, 김윤주, 허지혜	제작	박기성, 황동현, 구성우, 장홍석
마케팅	김회란, 박진관, 조하라, 장은별		
출판등록	2004. 12. 1(제2012-000051호)		
주소	서울시 금천구 가산디지털 1로 168, 우림라이온스밸리 B동 B113, 114호		
홈페이지	www.book.co.kr		
전화번호	(02)2026-5777	팩스	(02)2026-5747

ISBN	979-11-6299-822-9 04230 (종이책)	979-11-6299-823-6 05230 (전자책)
	979-11-6299-815-1 04230 (세트)	

이 도서의 국립중앙도서관 출판예정도서목록(CIP)은 서지정보유통지원시스템 홈페이지(http://seoji.nl.go.kr)와
국가자료공동목록시스템(http://www.nl.go.kr/kolisnet)에서 이용하실 수 있습니다.
(CIP제어번호: CIP2019030497)

행복 공화국 대통령 서대반 장로의 행복학 시리즈 **4**

부부가 백년해로하기 위해 꼭 필요한 지침서

부부

서대반 지음

행복학

북랩 book Lab

이
모든 영광을
하나님께 올려 드리며
책이 출판될 수 있도록 허락하신
하나님께 진심으로
감사드립니다.

지금까지
부족한 이 남편과
35년 동안 함께 살아오면서
기도와 격려를 아끼지 않고 믿고 따라준
사랑하는 아내 주애자 전도사에게
머리 숙여 감사를 표하며
이 책을 바칩니다.

아울러
우리 부부의 최고 선물인
사랑하는 아들 서진수, 딸 서지혜
아들과 결혼해 준 사랑스러운 며느리 유지선
아들 부부의 아름다운 선물
손자 서연오, 서정오
정말로 고맙고
사랑한다.

행복을 전하는 사랑의 편지

TO...........................

....

....

....

....

....

....

....

....

....

....

....

....

....

....

....

From...........................

이 책과 함께 행복과 사랑을 전하는

당신의 마음을 전해 주세요!

머리말

진정 행복하기를 원하는 이 세상 모든 분들에게

내가 행복하면 온 세상이 행복하고, 내가 불행하면 온 세상이 불행해진다는 말이 있다. 그러나 나는 행복하더라도 가족 중 누가 불행한 일을 겪게 되면 나의 행복은 어느새 날아가 버리고 불행으로 바뀌게 된다. 그래서 가족들은 행복도, 불행도 같이 겪게 되는 운명 공동체라고 할 수 있다. 진정 행복해지기를 원한다면 나만의 행복이 아니라 가족 전부가 공유할 수 있는 행복이 되어야 진정한 행복이라고 말할 수 있을 것이다.

그렇다면 가족 전부가 진정 행복해지기 위해서는 가족 구성원 모두가 날마다 가정생활에서 사랑과 웃음이 가득하여 기쁨과 행복을 느끼고 살아야 진정 가족이 행복하다고 할 수 있을 것이고, 그렇게 되어야 진정으로 가족 구성원 모두가 생활에서 부족함 없이 만족과 기쁨을 느끼는 흐뭇한 상태로 진정 행복감을 만끽할 수 있지 않을까 생각해 본다.

더군다나 이런 행복을 자신의 뼈와 살인 사랑하는 배우자와 함께 누릴 수 있다면 그곳이 바로 가정 천국이 아닐까 싶다.

그동안 저자는 이 세상을 지혜롭고 가슴 따뜻한 아버지로 살아가기 위한 아버지 대학에서 올바른 자녀 교육에 대해 강의를 하면서, 신학교에서 행복한 부부 생활과 올바른 자녀 교육에 대한 강의를 하면서, 또한 전국의 여러 교회와 단체를 다니면서 행복한 가정생활과 부부 세미나 등을 강의하거나 인도하면서 어떻게 하면 행복하게 살 수 있는지, 개인과 가정이 행복해지기 위해서는 어떻게 살아야 하는지, 행복한 부부는 어떤 부부인지, 행복한 부부가 되기 위해서는 부부가 서로 어떻게 해야 하는지, 위대한 어머니는 자녀들에게 어떻게 해야 하는지, 훌륭한 아버지는 자녀들에게 어떻게 해야 하는지 등에 대해 저자의 생각과 관련 서적들을 참고하여 부족하나마 가이드라인을 만들어 보았다.

진정 사랑과 웃음이 가득하고 감사와 기쁨이 넘치는 행복한 가정이 지상 천국이라고 굳게 믿고 있는 저자 나름대로 행복한 부부의 비결을 피력하면서 책 이름을 『부부 행복학』이라고 명하여 보았다.

그리고 지금도 사랑하는 아내와 자녀들을 위해 불철주야 수고와 희생을 아끼지 않으시는 세상의 모든 남편이자 아버지들과 지금 이 순간에도 사랑하는 남편과 자녀들의 건강과 행복을 위해 자신의 모든 것을 다 희생하면서도 더 주지 못해 안타까워 어쩔 줄 몰라 하고 있는 세상의 모든 아내이자 어머니들, 그리고, 이 땅의 모든 자녀들과 진정 행복하기를 원하는 모든 독자 여러분들의 앞날에 항상 건강과 행운이 함께하기를 기원한다.

세상 모든 사람들의 얼굴에 웃음이 가득하고, 세상 모든 가정에 기쁨과 행복이 가득하게 되는 날이 반드시 오리라 확신하며….

2019년 8월
이 책을 읽으시는 모든 독자분들에게
사랑과 웃음과 기쁨과 행복을 전하고 싶은
행복 대통령 서대반 장로 드림

CONTENTS

머리말 ✽ **7**

제1장 🌱 행복에 대하여

01. 행복의 정의 ✽ **16**

02. 행복 지수 ✽ **19**

03. 돈과 행복의 함수 관계 ✽ **21**

04. 행복의 비밀 ✽ **26**

05. 행복의 공식 ✽ **31**

06. 행복은 선택이다 ✽ **37**

07. 행복을 찾아 가는 77억 개의 길 ✽ **40**

08. 행복을 선택하는 8가지 방법 ✽ **46**

제2장 부부 간에 서로 할 일

01. 무조건적으로 배우자를 수용할 것 ❋ **49**

02. 통찰력을 가지고 과거를 볼 것 ❋ **50**

03. 배우자에게 긍정적인 말을 많이 해 줄 것 ❋ **51**

04. 어려울 때 상대방을 격려할 것 ❋ **52**

05. 상대방이 실패할 자유를 줄 것 ❋ **55**

06. 상대방을 기쁘게 할 것 ❋ **56**

07. 배우자가 옳은 일을 하도록 도울 것 ❋ **57**

08. 배우자가 좋은 교제를 갖도록 도와줄 것 ❋ **58**

09. 상대방이 삶을 잘 감당해 나갈 수 있도록 도와줄 것 ❋ **59**

10. 배우자가 운명에 대한 안목을 갖도록 도와줄 것 ❋ **60**

제3장 남편이 아내에게

01. 아내를 황후처럼 대하라 ✽ 64

02. 아내를 자상하게 보살펴라 ✽ 66

03. 먼저, 이해하고 용납하라 ✽ 67

04. 매일 아내와 10분 이상 진지하게 대화하라 ✽ 71

05. 하루에 한 번 이상 아내에게 전화하라 ✽ 76

06. 하루에 한 번 이상 사랑한다고 표현하고 고백하라 ✽ 78

07. 넓은 가슴으로 아내를 안아라 ✽ 79
   ("내 탓이오"라며 먼저 화해하라)

08. 아내와 함께 활동하라 ✽ 82

09. 아내를 위한 일들을 하라 ✽ 83

10. 책임을 져라 ✽ 85

11. 아내의 수고를 인정하고 감사하라 ✽ 87

12. 아내의 언어로 말하려고 노력하라 ✽ 90

13. 사랑의 시작, 포옹과 키스를 자주 하라 ✽ 91

14. 아내의 말을 잘 들어줘라 ✽ 97
   (여자는 말하는 재미로 산다. '그랬구나' 법칙을 사용하라)

15. 아내에게도 가끔은 자유부인이 될 수 있도록 휴가를 줘라 ✽ 100

16. 부모에게서 떠나라 ✽ 102

17. 아내를 위하여 무엇인가 희생하라 ✽ 105

18. 아내를 사랑하는 남편이 되어라 ✽ 107

19. 여러 사람 앞에서 아내를 칭찬하라 ✽ **109**

20. 특별한 날(결혼기념일, 생일 등)은 특별하게 계획하라 ✽ **111**

21. 우선순위의 삶을 살아라(가정이 최우선이다) ✽ **112**

제4장 🌱 아내가 남편에게

01. 남편을 황제처럼 대우하라 ✽ **116**

02. 남편을 칭찬하라 ✽ **117**
    (아내의 칭찬은 남편에겐 보약이다)

03. 남편을 성공시키는 아내가 되어라 ✽ **122**

04. 잔소리를 하지 마라 ✽ **123**

05. 남편에 대한 존경과 격려를 아끼지 말라 ✽ **125**

06. 대화의 문을 항상 활짝 열어 놓아라 ✽ **127**

07. 남자의 특성을 충분히 이해하라 ✽ **128**

08. 건전한 자아상을 가져라 ✽ **130**

09. 생명의 언어를 생활화하라 ✽ **131**

10. 부부의 성생활을 즐겨라 ✽ **132**

11. 남편의 수고를 인정하라 ✽ **133**

12. 데리고 온 아들(남편)을 하나 더 키운다고 생각하라 ✽ **136**

제5장 🌱 위대한 어머니가 되는 비결

01. 위대한 어머니가 된다는 것 ✱ **140**

02. 역사 속의 위대한 어머니들 ✱ **143**

03. 행복한 엄마 되기 ✱ **156**

04. 자녀를 망치는 엄마들 ✱ **160**

제6장 🌱 훌륭한 아버지가 되는 비결

01. 훌륭한 아버지가 된다는 것 ✱ **168**

02. 훌륭한 아버지의 역할 ✱ **173**

03. 이런 아빠는 낙제생 아빠 ✱ **185**

참고 문헌 ✱ **194**

제 1 장

행복에
대하여

01

행복의 정의

사람들은 누구나 행복하기를 원한다. 그렇다면 사람들이 그토록 갈망하고 소원하는 행복이란 과연 무엇일까? 국어사전에서 '행복'이란 단어를 찾아보았더니 명사적인 의미로 '복된 좋은 운수'로 적혀 있었고, 심리학적인 의미로는 '생활에서 부족함 없이 만족을 느끼고 기쁨을 느끼는 흐뭇한 상태'라고 정의를 해 놓았다. 저자는 사람들이 원하는 행복이란 심리학적인 의미의 행복인 '생활에서 부족함 없이 만족을 느끼고 기쁨을 느끼는 흐뭇한 상태'가 아닐까 생각해 본다.

행복과 마주치는 방식은 사람마다 다르다. 어떤 사람은 이른 아침 머금은 잔디 위를 맨발로 달릴 때 행복을 느끼는가 하면, 어떤 사람은 아이를 품에 안고 있을 때 행복을 느끼기도 한다. 섹스를 통해 행복을 맛볼 수도 있으며, 새로운 디자인의 옷이나 구운 소시지 또는 모차르트의 피아노 협주곡 작품 13번을 통해 행복을 맛볼 수도 있다. 아니면 이 모든 것이 없음으로 인해서 행복을 느낄 수도 있다. 참선을 하는 스님은 공(空)의 공간으로 깊이 침잠할 때 행복을 느끼지 않던가.

행복이란 어떤 느낌인가? 캐서린 맨스필드는 황홀경의 순간을 "마치 오후의 태양 한 조각을 삼킨 것처럼"이라고 묘사한다. 우리 모두는 이러한 느낌을 좇아 내달린다. 그러나 이러한 느낌은 언제나 예기치 않은 순간에 우리를 찾아오고, 제대로 음미하기도 전에 사라져 버린다. 행복을 좀 더 자세히 살펴서 도대체 우리가 어떤 규칙에 따라 행복을 느끼는 것인지 알아낼 시간은 주어지지 않는 것이다.

행복한 사람들은 창의적이다. 행복한 사람들은 문제를 빨리, 더 낫게 해결한다. 행복은 사람을 현명하게 만든다. 그것도 짧은 한순간만이 아니라 지속적으로 말이다. 긍정적인 느낌들은 뇌 안에 있는 신경들이 끊임없이 서로 연결되게 만든다. 기쁨과 함께 머릿속에 새로운 연결 고리들이 생겨나는 것이다.

행복한 사람들은 또한 친절하다. 그들은 좀 더 섬세하며, 타인에게서 나쁜 점보다는 좋은 점을 발견할 준비가 되어 있다. 그들은 공동의 행복에 더 많은 관심을 기울이며, 협상을 통해 모든 사람이 나름대로의 권리를 찾을 수 있도록 하는 데서도 더 나은 능력을 보여 준다.

이처럼 행복은 삶의 목표이자 좀 더 나은 삶을 향한 길이기도 하다. 부정적인 기분은 사람을 틀에 갇히게 하고, 반대로 좋은 느낌은 사람의 가능성을 확장시킨다. 행복은 생동감 그 자체이다.

행복은 아는 사람만이 그것을 찾을 수 있다. 우리의 뇌 구조는 거의 동일하기 때문에 우리 모두는 행복과 즐거움을 비슷한 방식으로 체험한다. 그러나 이러한 느낌들이 어떤 결과를 낳는가는 서로 다를 수밖에 없다. 결국 모든 사람의 행복은 그의 인격만큼이나 유일무이한 것이다. 그렇기 때문에 일반적인 충고는 큰 도움이 될 수 없다. 궁극적으로 우리 모두는 각자 자기만의 고유한 행복의 공식을 발견해야 하는 것이다.

02
행복 지수

어느 기관에서 전 세계 국가의 국민들로부터 행복 만족도를 조사한 것이 발표되어 세계인들을 깜짝 놀라게 했던 것이 기억난다. 그 조사 결과는 사람들의 기대를 여지없이 무너뜨리는 의외의 결과였다. 놀랍게도 전 세계에서 자신들이 가장 행복하다고 생각하고 있는 나라의 국민들 1위는 2006년도에는 방글라데시 국민, 2007년도에는 바누아투공화국 국민이었다.

상식적으로 국민 소득이 높고 사회 복지 시설이 잘 되어 있는 유럽이나 미국, 일본 등의 선진국 국민들이 가장 행복할 것으로 상상했었는데 의외의 결과에 놀랐던 사람은 저자뿐만이 아닐 것이리라.

포틀랜드 대학의 심리학 교수인 로베르트 비스바스 디너는 인도의 캘커타에 가서 인도의 동료 학자와 함께 둠둠역과 마라위 병원 근처에서 긴 시간에 걸쳐 노숙자들과 폭넓은 인터뷰를 한 것을 종합하였는데 그 사람들은 삶에 대해서 행복하게 생각한다는 놀라운 응답을 하였다. 1부터 7까지의 행복 지수 가운데 대부분의 사람들이 4에 해당하고 있었다. 적어도 삶에 대해 긍정적인 쪽에 위치하고 있는 것이다. 말하자면 그들은 마찬가지 방식으로 설문 조사를 했던 캘리포니아의 프레스노나 포틀랜드, 오레곤의 노숙자들보다 훨씬 더 행복했다. 미국의 노숙자들이 인도의 노숙자들보다 열 배나 부유한데도 덜 행복한 이유는 대체 무엇일까? 포틀랜드의 책상 앞으로 돌아와 비스바스 디너 교수는 지구의 양쪽에서 행복의 조건이 다른 이유에 대해 깊이 고민하기 시작했다. 인도의 응답자들이 그들의 상황을 더 견딜 만하다고 생각하는 이유 중 하나로 가정이나 그 밖의 사회적 관계가 온전하게 유지되고 있다는 점을 들 수 있었고, 그들과 달리 미국의 낙오자들은 부인이나 자식이 아예 없거나, 있다고 해도 대부분 수년 동안 한 번도 만날 수 없었다. 심지어는 노숙자 생활이 시작되기에 앞서서 이혼이나 가족이 뿔뿔이 흩어지는 사건이 벌어진 경우도 많았단다.

그렇다. 위와 같은 조사 결과들이 의미하는 바가 상당히 크다고 저자는 생각한다. 자신이 현재 처한 형편과 처지가 비록 어렵고 힘들지라도 가정이나 사회적 관계가 온전하게 유지되고 있음에 감사하고 그 형편에 만족할 줄 아는 삶이 행복한 삶이 아닐까 하는 생각이 든다.

03
돈과 행복의 함수 관계

예금 통장 수십 개를 가지고 있으면서 그 예금 통장마다 수많은 돈들을 입금시켜 놓은 수백억 원대의 부자들! 어찌 생각하면 저자와 같은 서민들은 감히 상상할 수 없는 엄청난 돈을 소유하고 있지만 그들은 단지 자신들에게 있어서 수백억 원의 재산이라는 것은 단지 예금 통장에 숫자로 기재되어 있는 그야말로 숫자일 뿐이라는 것이라는 말을 한다. 그 돈은 아까워서도 쓰지 못할 뿐 아니라 심지어는 그 돈에서 조금이라도 더 모으기 위해 애를 쓴다는 것이다. 그들에게는 돈이 많기 때문에 행복하다는 말은 아무런 의미가 없다는 것이다.

예금 통장에 그저 많은 액수가 찍혀 있는 숫자로서의 수백억 원! 저자의 마이너스 통장과 무슨 차이가 있으랴! 어차피 인생은 빈손으로 가게 되는 것을….

또한, 성공하면 행복해질 수 있을까? 대한민국에서 성공이라는 잣대로 본다면 대통령에 당선되는 것이 최고의 성공으로 볼 수 있지 않겠는가. 그럼에도 불구하고 이렇게 성공의 최고 정점에 이르렀던 전직 대통령들께서 어떤 분은 영어의 몸이 되기도 하고, 어떤 분은 불의의 사고를 당하기도 하고, 어떤 분은 전 국민들에게 지탄을 받기도 하는 현실을 보면 과연 성공하면 행복해질 수 있다고 할 수 있을까? 저자는 그렇지 않다고 본다. 남들이 부러워하고 우러러보는 높은 고관대작에 오르지 못하면 어떠리. 진정으로 마음으로부터 행복해야 진정으로 성공할 수 있다 할 것이다.

우리는 흔히 성공하여 돈만 많이 벌면 행복할 것이라는 생각도 많이 하게 된다. 그러나 저자는 돈과 성공과 행복과는 반드시 일치하는 것은 아니라고 생각한다. 물론 성공하여 돈도 많이 있으면 생활에서 필요한 것들을 부족함 없이 살 수 있고 그런 생활을 하다 보면 만족을 느끼고 기쁨을 느끼는 흐뭇한 상태가 계속되기 때문에 행복할 수도 있을 것이다. 그렇지만 성공하여 돈만 많이 있다고 반드시 행복하다고 정의할 수는 없을 것이다.

주위를 둘러보면 성공하여 돈은 많은데 불행한 가정이 얼마나 많은가. 반대로 돈은 풍족하지 못하고 비록 어렵게 살면서도 부부가 서로 사랑하고, 부모는 자녀들을 사랑으로 양육하며, 자녀들은 부모에게 효도하며 오손도손 살아가는 가정들이 얼마나 많던가. 이런 가정들은 언제나 가정에 항상 웃음과 기쁨이 넘치고, 사랑과 행복이 가득하여 날마다 웃음소리가 담장을 넘어 넘쳐나지 않던가.

그렇다고 가난하기 때문에 행복한 사람은 없을 것이다. 다만, 가난하다고 결코 불행한 것은 아니다. 저자는 돈이 없으면 생활에 조금 불편할 뿐이지 불행한 것은 아니고, 돈이 많으면 생활이 조금 편할 뿐이지 반드시 행복한 것만은 아니라고 생각한다.

돈이 많으면 비싸고 좋은 침대와 좋은 이불은 살 수 있겠지만 그렇다고 행복한 잠자리까지 살 수 있는 것은 결코 아니다. 아무리 좋고 비싼 침대에서 좋은 베개를 베고, 값비싼 원앙금침 이불을 덮고 자더라도 부부가 서로 불화하고 미워하며 등을 돌리고 잔다면 결코 행복한 잠자리를 기대할 수 없는 것이고, 결코 행복하다고 말할 수 없을 것이다.

돈이 많으면 비싸고 좋은 식탁과 좋은 음식과 좋은 반찬은 살 수 있겠지만 행복한 식탁까지 살 수 있는 것은 결코 아니다. 아무리 비싸고 좋은 식탁에 좋은 음식들이 즐비하게 차려져 있더라도 그 식탁에 둘러 앉아 식사를 하는 가족들이 서로 불화하고 미워하며 서로를 원수처럼 생각하며 한마디 말도 없이 그저 동물들이 허기진 배를 채우듯이 음식물을 입으로 집어넣는 장소일 뿐이라면 그 식탁은 결코 행복한 식탁이 될 수 없으리라.

미국에서 로또 복권에 당첨되어 고액의 당첨금을 수령한 사람들을 조사하여 발표한 것을 보고 또 한 번 놀라지 않을 수 없었다. 그 발표에 따르면 고액의 로또 복권에 당첨된 사람들의 85%가 복권에 당첨되기 전보다 더 불행해졌더라는 사실이다.

고액의 당첨금 때문에 이혼을 하여 파탄이 난 가정, 당첨금으로 사업을 하다 엄청난 빚으로 파산한 사람, 고액의 당첨금을 유흥비로 다 탕진하고 패가망신한 사람, 자살한 사람, 노이로제에 걸려 정신병원에 입원한 사람 등 고액의 로또 복권에 당첨된 사람들 중 대부분의 사람들이라고 할 수 있는 85% 정도의 사람들이 복권에 당첨되기 전보다 더 불행하게 삶을 살거나 삶을 마감하였다는 보도를 접하고 적지 않게 놀랐던 기억이 난다.

우리나라에서도 심심치 않게 뉴스를 통해 미국의 경우와 같은 보도를 접할 때가 있다. 얼마 전에도 뉴스에서 십수억 원의 로또 복권에 당첨된 사람이 결국 그 돈을 다 탕진한 후 절도를 하다 검거되어 영어의 몸이 되었다는 소식을 접한 일도 있다.

그러나 비록 로또 복권이 당첨되지 않는다 할지라도 사랑하는 배우자와 알토란 같은 자녀들과 함께 도란도란 대화하며 비록 진수성찬은 아닐지라도 조촐한 식단이지만 한 상에 둘러 앉아 웃음과 사랑을 밥 삼고 감사와 기쁨을 반찬 삼아 따뜻이 주고받는 눈빛과 배려가 있는 나의 가정이 바로 행복 기지임을 알고 그런 곳에 있을 수 있음에 감사하자.

네잎클로버의 꽃말이 행운이라는 사실은 모두가 잘 알고 있을 것이다. 그러나, 세잎클로버의 꽃말을 알고 있는 사람은 드물 것이다. 세잎클로버의 꽃말은 행복이다. 그렇다. 우리는 어릴 적 평생에 한 번 찾지 못할 수도 있는 그 행운의 네잎클로버를 찾기 위하여 수많은 세잎클로버를 짓밟으면서도 세잎클로버에게 미안하다고 생각해 본 적이 별로 없었을 것이다. 이처럼 우리는 일평생에 한 번 오지 않을 수도 있는 행운을 찾기 위해 주위에 널려 있는 수많은 사소한 행복들을 짓밟는 어리석은 행동을 하였을 것이다. 이제는 손에 잡히지 않는 행운만을 좇다 사소하게 경험할 수 있는 수많은 작은 행복들을 놓치는 어리석은 사람이 되지 말고 작은 행복들에도 만족하며 사랑하는 배우자가 곁에 있고, 사랑하는 가족들과 함께할 수 있음에 감사하며 살아가는 사소한 행복을 소중하게 생각하자.

04
행복의 비밀

행복의 비밀 중 하나는 부정적인 느낌의 조정에 있다. 우리가 유쾌하지 않은 일에 어떻게 반응을 보이는가 하는 문제는 우리 정신의 일반적인 쾌적함과 밀접하게 연결되어 있다.

미국 위스콘신 대학의 신경심리학자 리처드 데이비드슨은 이 연관 관계를 해명하고자 수년 간 실험을 했다. 그와 그의 동료들은 실험에 참가한 사람들의 정신 상태를 탐색함으로써 앞이마 뇌의 오른쪽이 주도적인가 아니면 왼쪽이 주도적인가에 따라 일상이 많이 달라진다는 것을 밝혀냈다.

오른쪽 뇌가 더 강하게 작동하는, 그래서 부정적인 느낌을 제대로 조절하지 못하는 사람들은 좀 더 내성적이고 염세적이며 신뢰보다는 불신이 많은 편이고, 그들은 작은 불행에서도 일종의 파국을 보기 일쑤이고, 평균 이상으로 우울증에 걸릴 확률이 높으며, 일반적으로 불행한 상태에 잘 빠진다.

반면에 왼쪽 뇌가 강하게 발달해 있는 사람들은 대부분 행복한 사람들인 것으로 나타난다. 그들은 자긍심이 강하고 낙관적이며 여유 있는 태도를 보인다. 다른 사람들과 관계 맺는 것도 어려워하지 않는다. 이들에게는 삶의 아름다운 면을 주로 보는 것이 천성인 것처럼 보인다.

데이비드슨은 자신의 실험 참가자들에게 목욕을 하면서 마냥 즐거워하는 새끼 원숭이의 모습처럼 즐거운 영화 장면들, 그리고 심각한 수술 장면처럼 마음을 짓누르는 영화 장면들을 보여 주었다. 앞이마 뇌가 어떤 식으로 양극화되어 있는지에 따라 사람들은 상이한 반응을 보였다.

오른쪽 뇌가 더 활동적인 실험 참가자들은 심각한 영화들에 대해서 왼쪽 뇌가 더 강하게 반응하는 실험 참가자들보다 더 많은 혐오감과 공포심을 나타냈다. 반면에 왼쪽 뇌가 더 활동적인 사람들은 재미있는 장면들에서 더 많은 기쁨과 웃음을 보였다. 이렇게 볼 때 우리 뇌에는 어떤 종류의 자극들에 대해서는 좀 더 강하게 반응을 보이고, 또 어떤 종류의 자극들에 대해서는 좀 더 약하게 반응을 보일지를 확정짓는 기본 기질이 있는 게 분명하다. 뇌의 기질 상태에 따라 우리의 인생이 핑크빛인지 잿빛인지가 결정 나는 것이다.

그리고, 이것은 정신뿐만 아니라 몸의 건강에도 영향을 끼친다. 데이비드슨은 왼쪽 뇌가 확실히 주도적인 역할을 하는 사람들의 경우 살면서 마주치게 되는 불쾌한 일들을 잘 처리할 뿐 아니라 신체적인 질병도 더 잘 이겨낼 수 있다는 것을 밝혀냈다. 그들은 박테리아와 바이러스를 죽이는 세포들을 혈액 속에 더 많이 갖고 있다.

데이비드슨은 사람들에게 감기 예방 주사를 놓아준 다음 그 반응을 실험하여 뇌의 기본 구조가 면역 체계에 끼치는 영향을 살펴보았다. 실험 참가자들 중 왼쪽 뇌의 활동이 강한 사람일수록 예방주사에 민감하게 반응했는데, 데이비드슨은 이것을 2주가 지난 후 혈액 속에 있는 항체의 숫자에서 읽어 낼 수 있었다.

이와 같은 연관 관계는 아직 완전히 해명되지 않고 있다. 그러나 추측건대 감정의 효과적인 조절은 일종의 연쇄 작용 속에서 일어나는 것 같다. 코르티솔 같은 스트레스 호르몬은 장기적으로 볼 때 면역 체계를 약화시킨다. 왼쪽 뇌의 활동이 강한 사람들의 경우 부정적인 감정이 한결 적게 나타나고 나타나더라도 그다지 오래 지속되지 않기 때문에, 그들의 신체는 전체적으로 스트레스 호르몬을 조금만 방출한다.

따라서, 자신의 부정적인 감정을 조절하는 법을 배운다는 것은 앞이마 뇌의 왼쪽 부분의 활동을 증가시키는 것을 의미한다고 데이비드슨은 추측한다. 이러한 노력을 기울이는 사람은 좀 더 행복하게 살 뿐 아니라 건강을 위해서도 유익한 일을 하는 것이다.

행복의 감정과 불행의 감정은 항상 함께한다. 삶을 풍요롭게 꾸려나가는 기술은 불행 속에서 행복을, 행복 속에서 불행을 인식할 줄 아는 데 있다. 우리는 선천적으로 행복의 유전자를 가지고 태어난다. 하지만 우리의 행복에는 유전적 요인보다 외부 환경과의 관계가 더 큰 영향을 미친다.

그렇다면 행복이란 무엇일까 저자는 나름대로 생각해 본다. 비록 돈은 풍족하지 못하고 조금 어려울지라도 가족 구성원 모두가 자신을 다른 가족들을 위해 희생과 헌신을 마다하지 아니하면서도 그것을 기쁨으로 받아들이고, 현실의 처지와 형편에 만족하고 감사할 줄 알며 부부가 서로 사랑하고, 부모는 자녀들을 사랑으로 양육하며, 자녀들은 부모님에게 효도하며 형제간에 우애 있게 지내며 오손도손 살아가면서 항상 웃음과 기쁨이 넘치고, 사랑과 행복이 가득한 가정, 세상의 모든 어려움과 근심, 걱정이 사라지고 용서와 평화와 사랑만이 가득하여 날마다 웃음소리가 담장을 넘어가는 가정에서 살아가는 것이 바로 행복이고 그곳이 바로 가정 천국이 아닐까 하고 생각해 본다.

자신이 소유하고 있지 못한 것을 다른 사람에게 줄 수는 없는 것이다. 더군다나 가족 구성원 중 누구라도 스스로가 행복하지 않다면 가족 누구도 행복하게 만들 수는 없는 것이다.

비록 물질적으로 풍족하지는 못할지라도 가족 모두가 스스로 행복해하고 화목하여 자신이 소유하고 있는 행복을 다른 가족들에게 주는 것이 진정한 행복의 비결이 아닐까?

05
행복의 공식

① 행복의 감정과 불행의 감정은 항상 함께한다. 삶을 풍요롭게 꾸려나가는 기술은 불행 속에서 행복을, 행복 속에서 불행을 인식할 줄 아는 데 있다.

② 우리는 선천적으로 행복의 유전자를 가지고 태어난다. 하지만 우리의 행복에는 유전적 요인보다 외부 환경과의 관계가 더 큰 영향을 미친다.

③ 뇌는 어른이 되어서도 끊임없이 변화한다. 뇌를 어떻게 변화시키느냐에 따라 낯선 것에서도 좋은 감정을 느낄 수 있다.

④ 새로운 감정을 만들어 내기 위해서는 반복적으로 학습하는 것이 중요하다. 행복한 감정 역시 반복적인 학습을 통해 만들어진다.

⑤ 육체적 느낌은 동물에게서도 발견되는 것처럼 자동적으로 나타나는 것이다. 이 육체적 느낌을 통해 우리는 감정을 표현할 수 있다.

⑥ 뇌에서 방출되는 호르몬은 우리의 감정에 크게 영향을 미치지만, 우리는 스스로 이 호르몬이 가져온 충동을 따를 것인지 물리칠 것인지 결정할 수 있다.

⑦ 어떤 노력에 대한 보상의 결과보다는 보상에 대한 기대가 우리를 더욱 흥분시키고 기쁘게 한다.

⑧ 우리의 머릿속에는 항상 새로운 것과 더 나은 것을 향한 탐지기가 작동한다. 연인의 바람기가 두렵다면, 그에게 하루에 한 가지씩 새로운 모습을 보여 줄 수 있도록 노력해야 할 것이다.

⑨ 예기치 않은 보상으로 인한 기분 좋은 놀라움은 사고를 유연하게 만든다. 도무지 답이 떠오르지 않는 회의 시간, 약간의 간식이 좋은 결과를 가져올 수도 있다.

⑩ 쾌락은 우리 몸이 생존을 위해 원하는 것을 얻었을 때 느낄 수 있는 감정이다. 적절한 쾌락은 우리에게 부족했던 것을 채

위 균형을 이루었다는 신호이다.

⑪ 우리는 많은 경우 쾌락이 지나간 후의 평범한 상태를 견딜 수 없는 허무함으로 생각한다. 쾌락을 유지하고 싶다면 의도적으로 기쁨의 순간을 천천히 맞이하는 것도 방법이 될 수 있다.

⑫ 중독은 기쁨에 대한 욕망이 지나칠 때 생기는 것이다. 따라서 자신이 불행하다고 느끼는 사람은 쉽게 중독에 빠진다. 담배를 끊고 싶다면 '나는 행복하다'고 최면을 걸어 보라.

⑬ 사랑에 빠진 뇌에서는 옥시토신과 바소프레신이 방출된다. 이 사랑의 호르몬은 단순히 성적 욕구를 추동하는 것이 아니라 신뢰감과 유대감을 강화시켜 한결 편안하고 안정적인 기분을 갖게 해 준다. 사랑하는 사람이 많아질수록, 세상은 평화로워진다.

⑭ 외로움은 정신적인 스트레스를 줄 뿐만 아니라 면역력을 약화시켜 건강에도 나쁜 영향을 끼친다. 감기에 걸렸을 때는 감기약보다 위로해 줄 수 있는 좋은 친구를 찾아라.

⑮ 우정이나 가족의 따스함은 행복이 잘 전개될 수 있는 좋은 토대다. 화려한 싱글에게도 친구는 필요하다.

⑯ 욕심낼수록 행복하다. 무언가에 몰입하면 행복한 느낌을 만들어 주는 호르몬이 생겨난다. 열정을 제대로 알고 열정과 더불어 살며, 열정을 즐겨라.

⑰ 욕심내지 않을수록 행복하다. 가지고 싶은 모든 것을 다 갖거나, 무작정 새로운 것을 찾는 것은 오히려 더 빠른 권태와 허무를 불러온다. 약간의 거리를 두고 적절히 조절하는 것이 행복을 만드는 지혜이다.

⑱ 우울증의 가장 큰 적은 그대로 두는 것이다. 우울하다고 아무것도 안 하고 집 안에 틀어박혀 있는 일은 더 큰 상심을 불러온다.

⑲ 안 좋은 상황에서 벗어나는 방법은 실제 상황보다 우리가 그 상황을 어떻게 평가하는가에 달려 있다. 행복의 대차대조표를 작성하라. 내가 지금 얼마나 행복한지 새삼 느끼게 될 것이다.

⑳ 머릿속에 남는 것은 마지막 인상이다. 기억은 최고의 원칙에 따라 작용한다. 파티의 즐거움을 오래 간직하고 싶다면 즐거울 때 떠나라.

㉑ 행복을 비교하지 마라. 나보다 못한 사람을 보며 만족하는 사람은 마땅히 누려야 할 행복을 찾지 못하고, 나보다 잘난 사람을 보며 질투에 빠져 항상 불만족에서 벗어나지 못한다.

㉒ 행복의 일기를 써라. 내가 느낀 행복을 다시 한번 떠올릴 때, 그 찰나의 순간은 우리 머릿속에 영원히 아름다운 감정으로 남는다.

㉓ 집중의 효과는 놀랍다. 명상에 빠져든 사람의 몸에서는 스트레스 호르몬이 줄어드는 변화가 나타난다. 몰입하는 것, 그 자체가 행복이다.

㉔ 하나의 큰 목표보다 여러 개의 작은 목표를 만들어라. 간절했던 목표를 이루고 난 다음의 허탈감을 경험해 본 사람이라면, 목표를 이루었을 때를 기대하는 즐거움, 그 과정의 즐거움이 더 크다는 것을 잘 알 것이다.

㉕ 경제적 부는 일정한 한계를 넘어서고 나면 더 이상 삶의 만족감에 영향을 끼치지 않는다. 그보다는 안정적이고 신뢰할 수 있는 사회적 단계가 더 중요하다. 행복을 추구하는 현명한 사람이라면 자원 봉사와 같은 사회적 연대의 기쁨을 맛본 적이

있을 것이다.

㉖ 자신의 삶을 스스로 통제할 수 있다는 것은 행복과 삶의 만
족도를 높이는 지름길이다. 적극적으로 인생을 계획하고 설계
하라. 나의 삶이 나의 것이라는 데 감사하라.

06
행복은 선택이다

같은 회색이라도 검은 바탕에 있을 때가 흰 바탕에 있을 때보다 더 밝아 보인다. 같은 크기의 원도 작은 원들에 둘러싸여 있을 때가 큰 원들에 둘러싸여 있을 때보다 더 크게 보인다.

이러한 착시 현상은 우리가 있는 그대로를 보는 것이 아니라 주변에 있는 것들을 함께 고려해서 상대적으로 보고 있음을 의미하는 것이다. 있는 그대로를 보고, 있는 그대로 판단하는 것이 얼마나 어려운지를 새삼 깨닫게 된다. 자신이 갖고 있는 것은 변함이 없는데, 남의 자신보다 더 갖고 있거나 덜 갖고 있는 것 때문에 불행해하기도 하고 행복해하기도 한다.

마치 착시 현상처럼, 우리는 자신의 처지를 다른 사람과 비교하여 착각하며 살고 있는지도 모른다. 전세를 살다가 내 집을 갖게 되면 더 큰 집을 갖는 사람이 보인다. 자가용을 처음 사서 행복해하다가도 더 좋은 차를 산 친구를 보면 만족감은 줄어든다. 그래도 가끔 우리 주변에서 다른 사람과는 상관없이 자신의 일관된 원칙이나 기준을 갖고 사는 이들을 본다. 그런 사람들은 여유가 있어도 작은 집에 만족하고, 유행이 지나가도 깨끗한 옷이면 족한 것으로 생각하고, 손가락질을 당해도 자신이 옳다고 생각하는 일을 한다. 그리고 그렇게 하면서 만족해하고 행복해한다. 다른 사람이 내 자신의 만족과 행복을 좌우한다면, 어쩌면 우리는 영원히 행복한 삶을 살 수 없을지도 모른다(김민식, 연세대학교 심리학과 교수).

우리가 행복을 원하면서도 행복을 소유하지 못하는 이유는 무엇일까? 그것은 실제적인 행복을 얻는 방법을 모르기 때문이기도 하고 실제로 행복을 선택하지 않기 때문이기도 하다. 불행도 행복도 선택이다. 당신은 어느 편을 선택할 것인가? 행복을 선택하기 위해서는 먼저 불행을 거부해야 한다. 거부해야 할 불행의 3대 요소를 살펴보자.

우리를 불행하게 만드는 첫 번째 요소는 우울증이다. 우울증이 심화되면 자기 학대, 심지어는 자살에까지 이르게 된다. 우울증과는 무관하다고 선언함과 동시에 치료될 수 있다고 확신하라.

우리를 불행하게 만드는 두 번째 요소는 분노이다. 분노의 원인을 분석하여 객관화시킨 후 절제를 통해서 이해하고, 용서하기를 결단하라.

우리를 불행하게 만드는 마지막 요소는 염려이다. 염려와 걱정은 습관성 질병이므로 위와 같은 불행의 3대 요소를 거부해야 행복할 수 있다.

이제 행복하기 위해서는 행복을 선택하라. 행복은 창조적인 자아상을 가졌을 때 비로소 눈에 보인다. 행복은 찾아오는 것이 아니라 쟁취하는 것이다. 즉 나의 결심에 의해 행복이 찾아올 수도 있고, 불행해지기도 한다.

행복은 나의 선택에 달려 있다. 컵의 물이 반밖에 남아 있지 않는가? 아직까지 반이나 남아 있는가? 반밖에 남아 있지 않다고 생각하면 불행해질 수도 있지만, 아직까지 반이나 남아 있다고 생각하면 행복해질 수도 있을 것이다. 세상만사 모든 것이 마음먹기 달린 일이다.

07
행복을 찾아 가는 77억 개의 길

삶에 대한 쾌락은 우리 모두 타고난 것이다. 곧 다가올 일을 상상할 때의 그 간지러운 기쁨, 황홀한 음식의 맛 그리고 상대방에 대한 따스한 공감을 느끼는 것 등은 뇌의 기본 기능에 해당한다. 이러한 능력은 살아가는 데 있어서는 필수적이다.

인간은 거의 모든 상태에서 행복을 느낄 수 있다. 외부 환경은 우리가 일반적으로 생각하는 것처럼 그렇게 심리적 행복감에 그다지 큰 영향을 주지 않는다. 훌륭한 연구서들은 삶의 기쁨이 나이의 문제도 아니고, 성별의 문제도 아님을 보여 주었다. 또한 삶의 기쁨은 지능 지수와도 상관이 없다. 아이가 몇 명인지, 통장에 돈이 얼마만큼 있는지도 삶의 기쁨과는 무관하다.

방글라데시에서 일하는 수공업자가 기쁨을 느끼는 계기는 브레멘(독일 최대 항구 중 하나, 독일 북부의 주요 공업 도시)에서 일하는 공무원이 기쁨을 느끼는 계기와 다를 수 있다. 그렇다고 기쁨을 적게 느끼는 것은 아니다. 방글라데시의 수공업자나 브레멘의 공무원, 아니 우리 모두에게 중요한 것은 기쁨을 느낄 수 있는 이러한 기회를 적절히 잘 이용하는 것이다.

사람들은 마치 "술 취한 사람이 자기 집을 찾듯이" 행복을 찾는다고 프랑스의 철학자 볼테르는 말한다. "사람들은 행복을 찾지 못한다. 그러나 행복이 존재한다는 사실은 알고 있다". 그러나 좋고 행복한 감정이 뇌의 문제이고 외부의 환경이 심리적 만족감에 미치는 영향도 매우 미미하다면(많은 연구서들은 외부 환경의 영향력을 10퍼센트 미만으로 잡고 있다) 볼테르가 말하는 저 모순을 해명할 수 있는 답은 하나뿐이리라. 즉, 우리는 행복을 찾아가는 여정에서 행복이라는 돌부리에 걸려 비틀거리는 것이다.

행복은 단순히 불행의 부재가 아니라는 것이다. 우리는 뇌 속에 좋은 감정을 위한 고유의 회로를 지니고 있다. 이 회로를 통해 기쁨과 쾌락은 공포나 슬픔 같은 부정적인 느낌에 대항한다. 바람이 안개를 흩어 버리듯이.

우리는 우리의 삶을 좀 더 즐겁게 만들 수 있다. 우리는 의식적으로 연습을 해서 좋은 감정을 위한 회로를 강화시킬 수 있다. 그리고 우리는 의식적인 노력을 통해 기쁨과 즐거움을 느낄 수 있는 상황을 만들 수 있다.

- 신체와 정신의 만족감은 서로 떼려야 뗄 수 없이 엮어져 있다. 느낌이 깃드는 본래의 장소는 몸이다. 증명되었다시피 운동과 섹스는 기분을 고양시키는 가장 확실한 수단이다.

- 행동은 무위보다 사람을 즐겁게 만든다. 기분이 좋지 않을 때는 집에서 쉬라는, 자주 듣게 되는 충고는 맞지 않는 말이다. 뇌 속에서 생각과 의도 그리고 감정의 조정은 서로 밀접하게 연결되어 있다. 그렇기 때문에 만일 다른 할 일이 없을 경우 뇌는 손쉽게 걱정으로 기운다. 그런가 하면 뇌에 있는 기대 체계는 우리가 어떤 목표를 설정하자마자 벌써 그 전조로 기쁨을 느끼게 만든다. 그리고 우리가 그 목표를 달성할 경우 승리감을 맛보게 된다. 따라서 행동은 우리를 자동적으로 좋은 감정으로 이끈다.

- 깨어 있는 정신은 단순히 관찰만 하여도 심리적 만족감을 상승시킨다. 종종 집중된 감각적 인지는 고양된 즐거운 감정을 선사한다. 이 부드러운 황홀감은 우리가 어떤 일을 앞두고 미리 느끼게 되는 기쁨의 감정과 비슷하다. 이 두 가지 감정 모두 뇌에 있는 기대 체계 덕분인 것이다. 주의력을 통한 기쁨, 우리는 이것을 훈련할 수 있다.

- 분노와 슬픔 같은 부정적인 느낌은 우리가 그것을 한껏 밖으로 표출할 경우 사라지기보다는 오히려 강화된다. 내면의 부정적인 느낌은 분출해야 낫는다는 심리학 이론은 지난 몇 년 간의 연구에 의해 틀린 것으로 판명되었다. 그와는 반대로 그러한 느낌은 의식적으로 통제되어야 한다. 그것이 마음의 평정에도 훨씬 더 도움이 된다.

- 다양성이 요청된다. 기대 체계는 기분 좋은 자극에 대해 빨리 둔감해진다. 이렇게 해서 욕망과 보상 사이의 헤어날 수 없는 악순환의 고리가 생겨난다. 물론 맛의 향연을 자주 바꾼다면 우리는 익숙해짐의 함정에서 벗어날 수 있을 것이다. 그러나 기대하지 않은 일에 숨겨져 있는 자극을 제대로 평가할 줄 알고 익숙한 것을 매번 새로운 시각에서 보는 법을 배운다면 우리는 삶의 즐거움을 유지할 수 있을 것이다.

- 결정 및 책임의 자유와 원하는 것은 얻을 수 있는 선택 사이에서 고민을 해야 한다면 결정의 자유를 선택하는 것이 더 가치 있다. 대부분의 경우 자신의 운명에 대한 통제는 행복과 만족을 위해 필수불가결한 전제 조건이다. 자신의 삶이 누군가의 손에 달려 있다는 느낌은 가장 견딜 수 없는 상황 중 하나이다. 사람뿐 아니라 동물들조차 그러한 상황에 부딪히면 심한

정신적·육체적 손상을 나타내 보인다. 원하면 뭔가를 얻기 위해 종속을 그 대가로 치러야 한다면(예를 들어 빚 같은 것) 차라리 그것을 포기하고 자유를 선택하는 것이 대부분의 경우 더 나은 결과를 가져온다.

그러나 삶의 만족을 위해 가장 중요한 것은 우리가 타인과 맺는 관계다. 우정과 사랑을 행복과 동일하게 간주하는 것은 결코 과장된 일이 아니다. 곁에 있는 사람들에게 선사하는 주의 깊은 관심은 우리 자신의 기분에 긍정적인 영향을 끼친다.

이러한 기본 원칙들은 모든 사람에게 해당된다. 왜냐하면 육체적 느낌이나 행동 방식 대부분은 진화의 결과이기 때문이다. 그렇지만 사람들은 제각기 다른 방식으로 이러한 틀을 구성해 나간다. 그리고 각자 고유한 욕구와 성향을 지니고 있다.

그렇기 때문에 행복을 찾아나서는 길에서 가장 중요한 연습은 바로 자기 자신이 누구인가를 아는 것이다. 그것을 위해 특별한 방법을 배워야 할 필요는 없다. 일상적으로 마주치는 자극들에 자신이 어떤 방식으로 반응을 보이는지 주의 깊게 살펴보기만 하면 된다. 그러면서 자신의 습관들과 조금씩 실험을 해 보면 된다. 이러한 과정을 통해 우리는 점차 우리에게 좋은 영향을 끼치는 것이 무엇인지를 알게 된다. 자신에게 좋은 영향을 끼치는 반응이 무엇인지에 대한 이 질문에 모든 사람은 각자의 대답을 찾게 될 것이다.

2019년 현재 이 지구상에는 77억 명의 인구가 살고 있다.
따라서 행복에 이르는 길 역시 77억 개가 되는 것이다.

행복을 선택하는 8가지 방법

① 우선 행복해지기로 결심하고, 행복한 모습을 마음속에 그리면서 항상 "나는 행복하다"고 말하라. 감사와 기쁨과 사랑이 담긴 언어를 사용하라. 부정적인 말은 쓰지 말라.

② 타인과 비교하지 말라. 나는 이 세상에 유일무이한 독창적인 존재이다.

③ 항상 기뻐하라.

④ 모든 일에 감사하라.

⑤ 자신의 장점을 극대화시켜라.

⑥ 긍정적이고도 적극적인 친구를 사귀어라. 소극적 친구는 나까지 소극적으로 만든다.

⑦ 부정적인 노래, 영화, 책 등을 가까이 하지 말라. 그렇게 닮아갈까 무섭다. 반면 좋은 노래, 좋은 시나 좋은 문장 등이 떠나지 않게 하라.

⑧ 항상 담대하라.

제 2 장

부부 간에
서로 할 일

현대의 많은 여성들이 불안 속에 살고 있다. 여성 운동은 많은 여성들이 (특히 아내와 어머니로서의) 자신들의 권리가 무엇인지 바로 인식하게 될 때 비로소 전통적인 여성의 역할을 재정의할 수 있다고 이야기한다.

그러나 어떤 의미에서는 현대의 남성들이 훨씬 더 불안을 느끼고 있다고 볼 수 있다. 그들은 자신 남성상에 대해 확신을 갖지 못하고 있다. 그들은 자신들이 누구인지, 어떻게 행동해야 하는지 알지 못하고 있다. 또한 그들은 가정에서 자신이 정신적 지도자로서 어떤 역할을 해야 하는지도 모르고 있다.

바로 이런 이유 때문에 남편과 아내가 가정에서 서로의 자존감을 채워 주는 것은 매우 중요하다. 결혼 생활에서 배우자가 강해지면 강해질수록 그 결혼 생활은 점점 견고해진다.

배우자의 '자존감'을 키워 나가기 위한 10가지 방안을 살펴보자.

01
무조건적으로 배우자를 수용할 것

　대부분의 결혼 생활은 감정적인 기초로 시작되어 거기에서부터 뿌리를 내린다. 그러나 감정은 부부가 서로를 어떻게 생각하느냐에 따라 변하기 때문에 감정에만 지나치게 의존한다면 그 가정은 마치 모래 위에 지은 집과 같을 것이다.

　배우자에 대한 전적인 수용은 감정의 위험으로부터 그들을 보호해 준다. 자신을 전적으로 받아들인다고 믿게 될 때 배우자는 어떤 어려움이 닥쳐와도 꿋꿋하게 헤쳐 나갈 수 있다.

02
통찰력을 가지고 과거를 볼 것

완벽한 과거를 가진 사람은 아무도 없을 뿐 아니라, 수많은 사람들이 도덕적으로 타락했던 과거의 기억을 가지고 있다. 또한 가난했던 지난날의 추억을 가진 사람도 많다. 배우자와의 관계를 발전시키는 가장 효과적인 방법은 왜 그가 그런 방식으로 행동했었는가를 이해하는 것이다.

이것은 배우자의 과거를 추측해 보려는 의미가 아니라 보다 희망적인 미래를 설계하기 위해 과거로부터 통찰력을 얻어내라는 말이다.

03
배우자에게 긍정적인 말을 많이 해 줄 것

배우자에게 하는 말은 그 사람의 자아 이미지를 손상시키거나, 반대로 긍정적이고 발전적인 자아 이미지를 개발하는 힘을 갖고 있다. 당신이 배우자의 좋은 특징들을 칭찬해 준다면 그는 자기 자신에 대해 자신감을 얻게 된다.

그러나 고의적으로 상대방을 깎아내리면, 그도 자기 자신을 비하시킬 것이다. 칭찬, 인정, 격려, 수용이 담긴 말은 배우자의 삶의 사소한 부분까지도 새롭게 만드는 데 도움을 준다.

당신이 긍정적인 말로 배우자를 대하지 않으면서 그를 인정한다고 말하는 것은 공허한 메아리일 뿐이다.

04

어려울 때 상대방을 격려할 것

고난의 시간은 행복한 결혼 생활의 위기가 될 수 있다. 고통을 겪을 때 배우자를 공격하거나 거부하는 대신, 미래를 내다보는 시간을 함께 가지면서 그가 당신에게 필요한 존재라는 것을 알려 주며 서로의 삶을 적극적으로 개척해 나가는 것이 중요하다.

자신이 배우자에게 필요한 존재임을 깨닫게 될 때 그는 자신을 소중하고 가치 있게 느낄 것이다.

배우자가 힘들어할 때 배우자를 격려하고 기분 좋게 만들어 줄 멘트를 몇 가지 소개하고자 한다. 적절히 사용하여 삶에 윤활유가 되었으면 한다.

1) 당신은 도둑

- 당신 도둑이세요?
- 아닌데요
- 그런데 어떻게 하늘의 별을 훔쳐다 당신 눈에 넣으셨죠?

2) 응급조치

- 당신 응급조치 할 줄 아세요?
- 왜요?
- 당신이 제 심장을 멎게 했거든요.

3) 길

- 길 좀 알려 주실래요?
- 어디로요?
- 당신 마음으로 가는 길이요.

4) 셔츠 상표

- 셔츠 상표 좀 보여 주실래요?
- 왜요?
- 천사표인가 보려고요.

5) 천국 인원 점검

- 지금 당장 천국에 가서 인원 점검을 해 봐야겠어요.
- 왜요?
- 천사가 하나 사라졌을 테니까요.

상대방이 실패할 자유를 줄 것

사람은 누구나 실패에 대한 두려움을 느낀다. 또 자기의 보호막을 잃게 되면 상대방이 자기를 공격할까 봐 두려워한다. 이런 삶속에는 기쁨이 없다.

그러나 사람이란 실제로 실패하지 않았는데도 실패할 수 있다. 만약 부부 중 어느 한 사람이 부부 간의 인정, 신뢰, 무조건적인 헌신으로 상대방에게 실패할 자유를 부여한다면, 그들은 서로가 자유롭게 성장하고 발전할 수 있는 좋은 환경을 갖게 될 것이다. 그들은 성취를 위한 자기 속박으로부터 자유로워질 수 있다.

06
상대방을 기쁘게 할 것

배우자는 자신에게 기쁨을 주는 당신의 행동을 볼 때, 당신이 자신을 소중히 여기고 있음을 알게 된다. 우리는 가끔 결혼이라는 도둑에게 사랑을 빼앗기기도 하고, 서로를 소중히 여기는 것을 도둑맞기도 한다.

결혼 생활에서 모험과 감동, 호기심의 감정을 포기하지 말라. 처음 연애를 할 때처럼 이런 일들을 지속하라. 이런 감정들은 사랑하는 배우자가 자신을 소중히 여기는 당신의 눈빛을 느끼게 해 준다.

07
배우자가 옳은 일을 하도록 도울 것

분명 당신은 다른 사람을 위해 정의의 사도가 될 수는 없을 것이다.

그러나 바른 삶을 추구하는 가정환경을 만들 수는 있다. 배우자
가 옳은 일을 할 때에는 그를 격려하고 그에게 순종하도록 하라.
그의 올바른 선택을 당연한 것으로 여기지 말고 그가 그것을 해낸
것에 대해 인정하라.

08
배우자가 좋은 교제를 갖도록 도와줄 것

결혼 생활 외에 친구를 갖는 것은 매우 중요하다. 그 친구가 부부 모두의 친구이든 각자의 친구이든 간에 격려받기 위해서 그 친구들에게 의존할 때 그들은 그의 진실됨에 대해 놀라게 될 것이다.

가까운 친구가 당신을 진실로 받아들이고 믿고 격려해 줄 때 그것은 당신의 자존감을 더욱 강화시켜 줄 것이다.

상대방이 삶을 잘 감당해 나갈 수 있도록
도와줄 것

쉴 틈도 없이 지나치게 일하면서 그때그때의 위기를 넘기기 위해 동분서주하는 생활이 계속된다면, 당신에게 기쁨과 만족의 생활은 거의 없을 것이다.

배우자를 도울 수 있는 가장 좋은 방법은 빽빽한 스케줄의 악몽에서 그를 구출하는 것이다. 배우자의 짐을 덜어 주어라. 배우자가 해서는 안 되는 일을 하려고 할 때 "안 돼요"라고 말해 줌으로써 그를 도우라.

우리가 알고 있는 진리가 삶에 어떻게 적용되는지 묵상하는 시간을 갖는 것이 중요하다. 합리적인 삶의 계획은 당신이 통찰력을 가질 수 있도록 도와줄 것이다.

10
배우자가 운명에 대한 안목을 갖도록 도와줄 것

요즘 사람들은 자신을 유일하고 소중한 존재로 여기기보다는, 단순히 이 세상 수많은 사람 중의 하나일 뿐이라고 생각하는 경우가 대부분이다.

배우자는 당신을 가장 잘 아는 사람이다. 그는 당신의 삶에 주신 하늘의 선물이며, 당신과 뜻이 가장 잘 맞는 사람이고, 당신에게 만족을 주는 사람이다.

마찬가지로 당신은 배우자를 누구보다도 잘 알고 있다. 그러므로 부부는 서로의 운명을 서로가 개척해나갈 수 있도록 도와주는 유일한 자격을 가진 사람들이다. 부부가 서로 인생의 목표를 찾아가는 데 도움을 줄 수 있다는 것, 그것은 배우자를 위해 해 줄 수 있는 가장 중요한 일이다.

1) 멋진 아내, 행복한 남편이 되는 지혜

① 먼저 부부 각자가 서로에 대한 인격적 존중이 있어야 한다.

② 건전한 자아상을 가져야 한다.

③ 부부 간에 대화의 문을 항상 열어 놓아야 한다.

④ 나의 말에 변화를 줘라.

⑤ 남편을 성공시키는 아내가 되어라.

⑥ 아내를 사랑하는 남편이 되어라.

⑦ 우리 모두 아직 아물지 않은 마음의 상처가 있다.

⑧ 고부간의 갈등과 식구들과의 갈등에 지혜롭게 대처하라.

⑨ 자녀 교육은 부모 공동의 책임이다.

⑩ 부부의 성생활을 즐겨라.

2) 부부 십계명

① 남편 되는 이, 밖에서 불편하던 얼굴로 집안 식구를 대하지 마오.

② 남편 되는 이, 무단히 나가 자거나 밤늦게 돌아오지 마오.

③ 남편 되는 이, 자녀 있는 데서 그 아내 허물을 책하지 마오.

④ 남편 되는 이, 친구의 접대로 아내를 괴롭게 하지 마오.

⑤ 남편 되는 이, 의복으로 아내에게 잔말 마오.

⑥ 아내 되는 이, 남편의 부족한 일이 있거든 조용히 권할 것이요, 결단코 군소리 마시오.

⑦ 아내 되는 이, 물건이 핍절한 소리 내기를 절조 있게 하시오.

⑧ 아내 되는 이, 남편이 친구하고 담화할 때 뒤로 엿보지 마시오.

⑨ 아내 되는 이, 함부로 남편에게 의복 구하기를 일삼지 마시오.

⑩ 아내 되는 이, 항상 목소리를 크게 하여 역하게 마시오.

제 3 장

남편이
아내에게

01
아내를 황후처럼 대하라

우리가 살고 있는 현대 사회는 남편의 신분으로 인해 아내의 신분이 바뀌는 현상이 보통이다. 남편이 부장이면 아내도 부장님 사모님이고, 남편이 교사면 아내도 선생님 사모님이 된다. 남편이 사장이면 아내도 사장님 사모님이 되고, 남편이 사단장이면 아내도 사단장 사모님이 된다. 더 나아가 남편이 한 나라의 대통령이면 그 아내는 대통령의 영부인이 되는 것이다.

그렇지만 요즈음은 흔하지 않게 아내로 인해 남편의 신분이 바뀌는 경우도 많이 본다.

눈을 넓혀 세계로 눈을 돌려 보면 그 대표적인 예가 영국의 엘리자베스 여왕의 부군인 필립공이라고 할 수 있을 것인데, 필립공은 영국 여왕의 남편이 아닌가? 그분도 자신의 아내인 엘리자베스 여왕을 실제 여왕으로 대하지 않는가? 그렇다! 아내를 어떻게 대하느냐에 따라 남편의 신분이 바뀌는 것이다. 남편이 아내를 여왕으로 대하면 남편은 여왕의 남편이 되고, 남편이 아내를 대통령 영부인으로 대하는 사람은 실제 자신은 대통령이 아닌가?

그렇다. 세상의 모든 남편들이여, 아내를 어떻게 대하느냐에 따라 자신의 신분이 바뀐다. 아내를 황후로 대할 것인가, 아니면 아내를 머슴처럼 대할 것인가? 아내를 황후처럼 대하면 아내도 당신을 황제처럼 대해 줄 것이며, 아내를 머슴처럼 대하면 당신도 머슴의 남편이 되는 것이다.

옛날 머슴이 존재하던 시절 고관대작이 아내와 싸운 후에 아내가 집을 나가자 고관대작이 아내를 가리키며 머슴에게 "저 할망구 어디 가고 있느냐"고 묻자 머슴조차도 자신의 하늘같은 상전을 가리키면서 "저 할망구 집을 나가고 있습니다"라고 대꾸했다는 우스갯소리가 있다.

남편들이여, 이 세상에서 하나밖에 없는 사랑하는 아내를 머슴처럼 대할 것인가, 아니면 황후처럼 대할 것인가? 선택은 당신에게 달려 있다.

02
아내를 자상하게 보살펴라

　아내는 남편보다 더 연약한 존재이다. 그러므로 아내를 마음으로 알아주고 아내는 남편보다 더 연약한 그릇임을 알고 더욱 귀히 여기는 자세를 가지며 행동으로 실천하여야 한다. 당신은 나에게 정말 중요한 존재라는 사실을 항상 마음에 가지고 당신에게는 어떠한 어려운 일도 닥쳐서는 안 된다는 생각과 항상 아내에게 당신은 사랑스럽고 아름답다는 말을 해 주면서 아내를 수시로 만지는 등 스킨십을 통해 아내에게 남편의 사랑을 표시해야 할 것이다.

03
먼저, 이해하고 용납하라

남편들이여, 아내를 먼저 이해하고 용납하라. 아내의 어린 시절이나 자라온 가정환경과 가정 분위기, 교육, 경험 등을 진심으로 이해하도록 노력하고, 아내의 버릇과 습성 등을 용납하도록 노력하라. 몸에 밴 어린 시절의 모습이 성인들인 우리 부부의 삶에 수많은 영향을 끼치고 있는 것이다.

그리고 남자와 여자의 차이도 이해해야 한다. 또한 여성의 성(性)의 특성과 심리적 특성도 이해하도록 노력하고 필요하면 전문 서적을 사서 공부를 하도록 하라. 그렇게 되면 아내를 이해하는 데 크게 도움이 될 것이다. 이런 이해와 용납이 이루어지면 웬만한 부부 간의 문제는 해결될 것이다.

아내에게 바치는 노래

젖은 손이 애처로워 살며시 잡아본 순간

거칠어진 손마디가 너무나도 안타까웠소.

시린 손끝에 뜨거운 정성 고이 접어 다져온 이 행복

여민 옷깃에 스미는 바람 땀방울로 씻어 온 나날들

나는 다시 태어나도 당신만을 사랑하리라.

미운 투정 고운 투정 말없이 웃어넘기고

거울처럼 마주 보며 살아온 꿈같은 세월

가는 세월에 고운 얼굴은 잔주름이 하나둘 늘어도

내가 아니면 누가 살피랴.

나 하나만 믿어온 당신을

나는 다시 태어나도 당신만을 사랑하리라.

- 하수영

사랑하는 아내에게 바치는 글

사랑하는 당신

눈물겹게 고마운 당신

봄이 가고 여름이 가고

가을이 가고 겨울이 가고

십 년이 가고 이십 년이 가고

눈보라가 치고 비바람이 불어도

한결 같은 사랑

변함없는 마음으로

날 위해 희생해 준 당신에게

내 마음 깊은 감사로 이 글을 바친다오.

내 영혼 깊은 감사로 당신을 높여 찬양한다오.

나 또한 당신만을 영원히 사랑하리니

내 인생 이 땅 위에 두 번 세 번 열 번 다시 태어난다 해도

나는 오직 당신 오직 당신만을

나의 아내로 영접할 것이라오.

저 하늘에서 내 생명이 영원함같이

당신 또한 내 곁에 영원한 벗 되어 손잡고 가리니

세상은 부부가 살다가 곧 죽으면

생명도 사랑도 곧 파멸되어 모두가 사라져 버리지만

우리의 사랑은 영원한 사랑

우리는 죽지 않는 생명과 불변의 사랑이기에

저 하늘 별들과 같이 우리는 다정스럽게

끝없는 세월 속에 끝없는 공간을 달리면서

끝없는 깊은 사랑 나누게 된다오.

그래도 우리의 사랑은 시작에 불과하리니

이것이 바로 우리 아빠께서 주신 영생 낙원의

영원한 사랑이라오.

04
매일 아내와
10분 이상 진지하게 대화하라

급한 일이 없을 때, 자녀들이 자리에 없을 때, 아내와 둘이 앉아서 이야기를 해 본 지가 얼마나 오래 되었는가? 결혼 전에 끝도 없이 이야기를 나누었던 때를 돌이켜보라. 얼마나 사랑이 꽃피어 올랐던가를 기억해 보라. 데이트 시간은 대부분 함께 이야기하며 나누고 지내던 시간이었을 것이다. 믿든지 안 믿든지 간에 결혼 후에도 역시 같은 일이 일어날 수 있다.

정기적으로 아내와 대화할 계획을 짜라. TV를 끄고 아이들을 잠자리로 보낸 저녁, 또는 토요일 아침이나 일요일 오후 같은 시간이 될 수도 있을 것이다.

아내가 어린 자녀들을 위해 집에서 아이들만 보살피고 있는 경우라면, 대화를 나누는 것은 더욱 중요한 일이다. 기저귀 빨래, 설거지, 집 안 청소 그 밖의 여러 잡다한 일들은 아무리 예리한 정신이라도 무디게 만들고, 심지어 낙천가라도 좌절하게 만들 것이다.

대화하라. 하루 동안 어떤 일이 일어났는지를 나누라. 비록 그것이 별 볼 일 없고 진부한 것처럼 보여도 아내의 생활 리듬에는 변화를 가져다줄 것이다.

집에 들어갈 때 아내에게 인사하라. 많은 남편들이 귀가 후 아내에게 인사하는 습관을 가지고 있지 않다는 점에 유념하라. 그들은 자기 아내를 진짜 사람을 대하는 것이 아닌, 가구들같이 취급한다. 집에 들어오면 제일 먼저 진심 어린 인사를 아내에게 하도록 하라. 그럴 때에 진실한 대화(여기에는 경청도 포함된다)가 따라올 수 있다.

아내와 대화할 때 아내에 대해 어떻게 느끼는지를 말하라. 항상 객관적이고 분석적이 되지 말라. 당신 자신을 그대로 표시하라. 당신이 느끼는 기쁨들과 좌절감을 나누라. 당신이 무엇을 생각하고 있는지뿐만 아니라 무엇을 느끼고 있는지를 아내가 알게 하라.

아내에게 편지를 쓴 지가 얼마나 오래되었는가? 설령 멀리 떠나는 경우가 아니더라도 아내에게 편지를 남겨두고 그녀에게 사랑한다고 말하거나 또 정성스레 잘 고른 카드를 보내라. 이런 일들을 정기적으로 할 때 아내는 자기가 사랑받고 있다는 것을 확실히 느끼게 될 것이다.

당신이 아내에게 사랑을 느끼고 있는 것처럼 아내에게 행동할 다른 방법을 찾으라. 이렇게 할 때 오래지 않아 당신은 분명히 아내를 사랑하게 될 것이다.

우리 가정들의 현실을 한 번 들여다보자. 퇴근하여 귀가한 남편에게 아내는 밥상을 차려 주고는 밥을 먹고 있는 남편에게 자신이 오늘 있었던 일들에 대해 자초지종을 이야기한다. "여보! 있잖아" 부터 시작해서 자신이 오늘 하루 종일 집안에서 있었던 사소한 일에서부터 외출해서 있었던 일들, 심지어 마트나 장에 가서 무엇을 샀는지에 대한 이야기, 마트나 장에 오고갈 때 가게에 진열되어 있던 아름다운 옷이랑 예쁜 액세서리를 보았다는 이야기들을 미주알고주알 남편에게 재미있어 하며 이야기한다. 그러나 남편은 아내가 진지하게 옆에서 이야기하는 말들은 들은 체도 하지 않은 채 신문을 보거나 TV를 보면서 밥을 먹고 있을 뿐 아내가 진지하게 이야기하는 것을 건성으로 듣는다. 그러다 듣다 못한 남편은 퉁명스럽게 한마디 한다. "그래! 결론은 뭔데?"

이렇게 되면 대화는 되지 않는다. 아내는 하루 종일 남편을 기다리다 귀가한 남편에게 자신이 하루에 있었던 일들을 모두 이야기하며 남편과 대화하기를 원하는데 남편은 아내가 요구하는 대화를 귀찮게 여기며 결론만을 말하라고 재촉한다.

속마음을 털어 놓고 나의 긴장과 나의 느낌을 나누는 것이 대화이다. '여자는 말하는 재미로 산다'는 말을 남편들은 명심하라. 아내들은 남편에게 말을 함으로써 긴장을 해소한다. 그러나 남편은 결과만 듣고 싶어 하는 특성이 있기 때문에 갈등이 생기는 것이다. 그러므로 남편은 아내의 말을 듣는 것에 상당한 주의를 기울여야 하는 것이다.

그리고 부부 간 갈등의 대부분은 대화의 결핍에서 온다고 해도 과언이 아닐 것이다. "잘 들어주는 것이 첫째 임무이다"(폴 틸리히)라는 말이 있듯이 경청의 기술도 배워야 할 언어이다.

또한, 대화를 하더라도 남편이 신문을 보거나 텔레비전을 보면서 건성으로 듣는 것은 옳지 않은 대화 방법이다. '사람은 자기 말을 들어주는 사람이 있으면 극적으로 변한다', '말은 사람을 변화시키는 힘이 있다', '생명의 언어를 사용해야 한다'라는 말들이 있는 것은 우리는 말을 통해서 파괴하는 사망의 씨앗을 심을 수도 있고 남의 생명을 살리는 생명의 말을 할 수도 있다는 것이다.

미국의 한 심리학자가 '1주일에 부부가 얼마나 많은 대화를 하고 있나'를 고성능 녹음기를 이용하여 조사한 통계에 의하면 1주일 168시간(10,080분) 중 평균 17분, 하루 대화 시간은 42초이고, 자녀와 대화 시간은 하루에 37초 그러나 텔레비전 시청 시간은 평균 2

시간 이상으로 나타났다고 한다. 한국의 현실도 이와 비슷할 것이다. 과연 우리 부부의 대화 시간은 하루에 얼마나 될까?

아내는 남편과의 대화의 과정을 중요시한다. 그러므로 남편들이여, 아내의 대화를 진지한 자세로 잘 들어주자.

아내의 대화를 그냥 잘 들어주는 것만으로도 아내의 스트레스를 풀어줄 수 있다. 여자는 말하는 재미로 산다는 말을 잊지 말라. 아내가 남편에게 무슨 말이라도 계속한다는 자체가 아내가 건강하게 스트레스를 풀고 있다는 사실임을 명심하고 사랑하는 아내의 수다를 기쁜 마음으로 들어줘라. 그리고 이에 더해 아내의 수다에 맞장구까지 쳐 준다면 그야말로 금상첨화가 아니겠는가?

05
하루에 한 번 이상
아내에게 전화하라

남자들은 아내와 결혼 전 연애할 때에는 어떻게든 여자 친구에게 잘 보이려고 갖은 방법을 다 동원한다. 그중의 한 방법이 여자친구에게 전화로 사랑을 확인하는 방법일 것이다.

자신의 사랑하는 마음을 표현할 길이 없고 자주 만나지 못하는 아쉬움을 전화로라도 달래보려고 하루에도 몇 차례 전화를 하여 사랑하는 사람의 목소리라도 들었던 그 시절로 돌아가 사랑하는 아내에게 하루에 한 번 이상은 전화해 주어라. 그리하면 아내는 자신을 아직까지도 사랑하고 있고, 자신을 중요한 존재라고 생각하고 있다는 생각에 당신을 고맙게 생각할 것이다.

물론 당신이 아내를 사랑하기 때문에 아내의 목소리라도 듣고 싶어서 전화를 한다는 생각을 하게 만들어야지 오히려 아내가 무슨 일을 하고 있는지 확인하는 차원의 전화가 되어 버린다면 그 전화는 오히려 하지 않는 것보다 못할 수도 있을 것이다. 그러니 사랑이 가득 찬 목소리로 사랑하는 아내에게 전화를 해 주어라.

그리하면 아내도 기뻐할 것이다.

06
하루에 한 번 이상
사랑한다고 표현하고 고백하라

젊은 시절 숱한 연애를 했던 한 사람이 결혼을 하게 되었다. 주례자의 '하루에 세 번씩 아내에게 사랑한다고 말해 주어라'는 말을 마음에 담아 실천했다. 일찍이 연애 시절에 그랬더라면 그 숱한 이별도 겪지 않았을 것 같다며 결혼 생활 내내 싸울 일이 없더라고 하였다.

남편은 일평생을 통해 얻은 유일한 선물인 아내와 평생토록 사랑하며 좋은 관계를 맺어 가야 하는 것이다. 길지 않은 삶에서 함께 항해하는 동반자인 아내를 사랑해야 하는 이유가 여기에 있는 것이다.

07

넓은 가슴으로 아내를 안아라
("내 탓이오"라며 먼저 화해하라)

　부부가 결혼하여 가정생활을 오래 하다 보면 두 부류의 부부로 나눠진다. 한 부류는 날이 가고 해가 갈수록 부부의 삶을 즐기며 풍성하고 행복한 삶을 누리는 부부들이고, 또 한 부류는 문제와 갈등 속을 헤매며 어쩔 수 없이 살아가는 부부들인 것이다. 그런데 후자에 속한 부부들의 공통된 특징은 첫째로, 사용하는 언어가 부정적이고 비생산적인 말을 사용하고 둘째로, 배우자에 대한 태도가 돕는 배필로서가 아니라 바라는 배필로서, 항상 만족하지 못하고 갈등을 느끼며 갈수록 요구가 많아지고 있다는 것이다.

　불행한 부부일수록 어떤 문제가 발생할 때 그것을 배우자의 탓으로 돌리고, '너 때문이야!' 하면서 손가락질을 한다. 그렇다. 대부분의 문제는 나에게 그 원인이 있다. 그런데도 많은 부부들은 '너 때문이야!'라고 착각하고 또 잘못 인식하고 살아가고 있는 것이다. 누구를 막론하고 우리 인간의 나약함 때문에 문제의 원인을 다른 사람에게, 상대 배우자에게 돌리며 원망하는 못된 버릇이 있다.

가정에서 부부가 살다 보면 여러 가지 문제를 만나게 된다. 이럴 때 문제의 핵심을 파악한 책임질 사람이 "아! 그건 나 때문이오. 내가 좀 더 세심하게 배려하였다면 좋았을걸…"이라고 말하며 이해해 달라고 진심으로 요청하면 문제는 쉽게 풀리게 된다. 하지만 반대로 당연히 책임질 사람이 "내 책임이오"라고 나서지 않으면 쉽게 해결될 일도 꼬인 실타래처럼 꼬이고 꼬여서 문제만 더 복잡하게 되고 인간관계마저 신뢰를 잃게 되고 만다. "나 때문이 아니고 너 때문이야"라고 손가락질할 때 우리 마음속은 불평과 불만으로 가득 차게 된다.

우리 모두 "내 탓이오" 하는 자세로 알차게 잘 익은 곡식처럼 고개를 숙였으면 한다. 남남인 부부가 결혼해서 한집에서 생활하다 보면 어찌 평탄한 날만 있겠는가? 사소한 말다툼을 하기도 하고, 티격태격 싸우기도 하며, 때론 서로 감정들이 상해서 전쟁이 장기간 길어질 때도 있지 않은가?

자신이 마음대로 움직이는 혀도 어떤 때는 입안에서 물릴 때가 있는데 하물며 수십 년간 다른 환경 속에서 자라 부부가 되어 한집에 살고 있는 부부가 다툼 없이 살아간다는 것은 거의 불가능하다고 해도 지나친 말은 아니라고 생각한다.

부부가 서로 다투었을 때 남편들이여, 아내에게 다가가 살포시 손을 잡거나 포옹을 하면서 "여보! 내가 잘못했소, 내가 생각이 짧았소" 하면서 먼저 화해의 손을 내밀면 아내도 쌓인 눈이 태양에 녹듯이 금방 화해를 할 것이다.

남편들이여! 남자의 가슴이 넓은 이유를 아는가? 이럴 때 넓은 가슴으로 아내를 안아 주라고 가슴이 넓은 것이 아닐까 생각해 본다.

08
아내와 함께 활동하라

아내에게 데이트하러 나가지 않겠느냐고 물어보라. 자전거 하이킹, 소풍 또는 공원을 함께 산책하도록 하라. 그렇지 않으면 다른 부부와 합류해서 4명이 할 수 있는 어떤 계획을 짜보라.

집 근처의 활동들에 참가할 계획을 세워라. 아내와 함께 정원을 가꾸고 돌봐라. 정원을 아름답게 꾸미는 계획이나, 집 안을 꾸미는 다른 계획을 세워라. 평소에 고치고 싶었던 구석이 아내에게 있을지도 모른다. 남편은 그런 계획을 아내와 함께 나눌 수 있다.

많은 남편들이 아내가 해야 할 일이 따로 있다고 생각한다. 예를 들어 학교에서 열리는 자녀들의 학교 프로그램에 참가하는 일은 아내가 해야 한다고 믿는다. 이런 자리에 부부가 함께 참석하도록 힘쓰라.

09
아내를 위한 일들을 하라

출타했다 돌아오는 경우가 아니더라도 선물로 아내를 깜짝 놀라게 해 준 지가 얼마나 오래되었는가? 아내에겐 사탕이 필요 없다. 오히려 대부분의 남성들이 가치가 없는 것으로 여기는 어떤 것, 가령, 꽃 같은 것을 원할지도 모른다. 대걸레를 새로 사 주는 경우처럼 아내가 어떤 식으로든 사게 될 물건을 선물로 선택하지 않도록 하라.

아내를 레스토랑의 저녁 식사에 초대해서 놀라게 하라. 두 사람 사이의 따뜻한 관계를 지키기 위해 커피를 마시는 휴식 시간에 당신이 도넛을 준비해야 할지도 모른다. 이것은 아내를 소중히 여긴다는 증표가 되므로 시간을 투자할 가치가 있는 일이다. 아내가 자기 고유의 기술과 취미를 개발할 수 있도록 격려하라. 아내가 좋아하는 것들에 흥미가 생기게 하라. 아내가 그러한 활동들을 할 수 있도록 격려하고 도와줄 길을 찾으라.

예를 들어 그녀가 지역 고등학교에 설치되어 있는 성인 야간 학급을 담임할 수 있도록, 당신이 일주일에 한 번 또는 두 번 정도 저녁 식사 후 아이들을 돌보고 청소를 하는 일을 맡으라.

딱 한 번뿐만이 아니라 규칙적으로 자녀들을 잠자리에 데려가 재우는 일을 하라. 이것은 아내의 짐을 덜어 주게 될 뿐만 아니라 자녀들과 대화를 나눌 수 있는 좋은 시간이 된다.

아내로서 마땅히 해야 할 일을 했을 때라도 감사하라. 아내가 식단을 마련하고 준비하는 데 드는 노고를 남편이 생각해 준다고 느낄 때, 아내는 기꺼이 그 일을 하며 계속 가정을 잘 돌볼 마음이 생길 것이다. 종종 지나쳐 버리는 아내의 역할을 특별한 것들로 생각하라.

10
책임을 져라

남편들은 아마 집 안팎에서 해야 될 일들이 무엇인지 머릿속에 꿰고 있을 것이다. 가장 불쾌하게 여기는 일들은 질질 끌며 연기하겠지만, 바로 그 일이 아내에게는 상당한 의미가 있을지도 모른다. 모든 다른 계획을 아내의 우선순위에 맞춰보라. 남편이 해야 할 일들의 목록에서 하나를 선택하여 행동에 옮기라. 다음은 아내가 선택할 차례가 된다.

자녀 양육에 대해 아내와 함께 나누라. 자녀들은 아내 혼자만의 책임이 아니다. 자녀는 아내의 아이인 동시에 남편의 아이다. 남편이 맡아야 될 일들을 제대로 해낼 방도를 찾아라. 아내가 남편을 지지해 주기를 바라는 것처럼, 자녀들에 대한 아내의 기대를 지지함으로써 아내의 권위를 확실하게 세워 줘라.

유쾌한 마음으로 아내를 도와라. 손님들이 도착하기 마지막 몇 분 전에 아내가 허둥대며 집안일을 하고 있을 때, 남편은 앉아서

TV의 축구 중계 방송을 구경하고 있는 경우가 많다. 많은 남편들이 마치 손님 접대는 아내의 일인 것처럼 행동한다. 도와줘라. 진공 청소기로 하는 청소, 식탁을 차려 주는 일 같은 것을 도와라. 직장에서 일을 마치고 귀가했을 때, 신문을 보면서 저녁이 언제 준비되느냐고 묻지 말고 아내에게 도움이 되는 일을 찾아라. 자녀들을 불러서 씻으라고 재촉하는 일은 어떻겠는가? 물론 남편도 힘든 일로 하루를 보냈다는 것을 알고 있다. 그러나 아내도 남편과 마찬가지로 힘든 하루를 보냈다. 그리고 아내에게는 해가 저물기 전에 해야 될 다른 일들이 아직도 있다.

하루하루를 남편과 아내가 함께 나누는 기회로 삼으라. 주어진 날마다 아내를 섬길 기회를 만들라. 따지고 보면 아내는 쉬는 날이 하루도 없는 것이다.

11
아내의 수고를 인정하고 감사하라

남편들이여! 당신의 아내는 당신 하나만 바라보고 시집와서 지금까지 오직 당신과 자녀들, 때로는 시댁 부모님들과 당신이 데리고 온 수많은 손님들을 위해 수많은 음식상을 정성껏 차려서 대접하느라 수고를 많이 해 왔다. 어제 저녁도, 오늘 아침도 어김없이 당신과 자녀들을 위해 정성껏 준비한 밥상에 대해 아내의 수고를 인정하고 감사한 적이 있는가?

당신이 매일 먹는 세 끼니 음식을 아내가 재료의 선택에서부터 온갖 정성과 양념과 간을 맞추고 맛있는 냄새가 나도록 온갖 신경을 다 써서 만든 음식을 먹으면서도 정작 "맛있다. 수고했다"라는 말 한마디 없이 먹어 치우는 남편과 식구들을 둔 아내는 얼마나 서운하고 억울할까! 어떤 아내는 식사하는 남편 옆에서 "맛있어요? 맛있어요?"를 몇 번이고 계속 물어보아야 남편이 겨우 맛있다고 대답한다는 것이다. 참으로 멋이 없는 남편이요, 아내의 성의를 너무도 몰라주는 남편인 것이다.

남편들이여! 음식을 맛있게 먹고 난 후 음식을 조리한 아내에게 "여보! 맛있게 잘 먹었소, 당신 정말 수고했소"라고 감사를 표현하고 가능하다면 고마움의 표시로 아내를 안아 줘라. 아내도 당신의 그 감사에 대해 고마워할 것이다. 자녀들이 보고 있는 경우라면 더더욱 그리하라.

당신이 아내에 대해 고마움과 감사를 표현하며 자녀들의 엄마인 당신의 아내를 포근히 안아 주는 모습을 보는 자녀들의 기분이 어떻겠는가? 당신의 자녀들은 이 세상에서 가장 행복한 자녀가 될 것이다. 당신의 자녀들은 당신의 용기 있는 행동으로 인해 한없는 행복감과 평안함, 그리고 지상 천국을 맛볼 것이며 당신을 자랑스럽게 생각하며 당신을 존경할 것이다. 그런데도 당신은 용기를 내지 않을 것인가? '후회는 아무리 일찍 해도 늦다'라는 말이 있다. 오늘은 다시 돌아오지 않는다. 오늘 할 수 있을 때 실천하라. 내일이면 당신이 감사를 표시하지 못할 수도 있을 것이고, 사랑하는 아내를 안아 주지 못할 수도 있을 것이다. 지금 즉시 하라.

남편들은 아내에 대한 관심과 정성 어린 사랑을 표현해 주어야 할 것이다. 우리 남편들도 아내를 있는 그대로 받아주고 아내의 변화에 민감해야 할 것이다. 여성들은 옷에 대한 관심이 남성들이 상상할 수 없을 정도로 예민하고 유별나다. 그런데 일반적으로 남성은 그렇지 않다. 자기 아내가 옷을 새로 사 입었다든지, 외모에 대해 변화가 있었는데도 아무런 반응을 보이지 않는다면 그 아내는 얼마나 실망하겠는가! 여성들은 다른 것은 다 잊어버려도 아주 어릴 적 사진 찍으면서 입은 옷의 종류와 색깔은 잘 기억한다.

남편들도 아내를 진심으로 인정하고 격려하고 칭찬하는 것을 잊지 말아야 할 것이다.

12
아내의 언어로 말하려고
노력하라

같은 나라에서 같은 말을 하면서 같은 교육 제도에서 배웠지만 자라 온 환경 때문에 같은 말이라도 종종 다른 의미를 지니게 된다. 사람마다 그 사람만의 독특한 대화의 스타일이 있고, 지역마다 사투리가 있다.

당신의 말을 아내의 스타일에 맞게 바꾸어 말하려고 노력하라. 그러면 더욱 친밀한 부부 관계를 유지할 것이다. 또한 상대방이 말로 하지 않고 행동으로 나타내는 비언어적 대화를 잘 알아서 수용해 줄 필요가 있다 숨겨진 배우자의 언어를 찾아서 잘 수용해 주면 의사소통은 훨씬 잘 되게 될 것이다.

13

사랑의 시작,
포옹과 키스를 자주 하라

만지는 것은 무언으로 수많은 대화를 나누게 한다. 부부 간의 친밀감을 나타내는 최고의 방법 중의 하나이다. 사람마다 피부란 가장 예민한 감각 기관이다. 50만 개가 넘는 감각 체계로서 피부는 신체 내에서 가장 중요한 기관이다. 아내를 자주 어루만져 주는 몸의 언어를 배워 실천하라. 그리하면 아내가 행복해할 것이다.

사랑은 접촉이고 접촉이 곧 사랑이다. 사랑의 표현을 통해서 기쁨이 생긴다. 사랑을 가장 잘 표현하는 방법은 무엇보다도 서로 접촉하는 것이다. 접촉을 통해서 사랑이 전달된다. 악수하는 것에서부터 등을 토닥거린다거나 이야기하면서 어깨를 껴안는다든지, 포옹을 하거나 키스를 하는 것 등, 강도가 약한 접촉에서 은밀하고 깊숙한 접촉까지 그 방법은 다양하다. 그중에서 사랑을 깊이 전하는 대표적인 방법이 '포옹'과 '키스'이다

포옹은 기분을 좋게 해 주고 외로움을 없애 주며, 두려움과 불

안, 긴장감을 해소시켜 주고 마음의 문을 열어 주는 푸근함을 준다. 불면증도 없애 주고, 키 큰 사람에게는 굽히기 운동을 하게 하고 키 작은 사람에게는 팔을 뻗치는 운동을 하게 하여 팔과 어깨 근육 운동까지도 시켜 주며, 노화 방지 효과도 있다. 내적인 스트레스나 공허함 때문에 마구 먹게 되어 비만이 생기게 되나 포옹을 하게 되면 정서적 충만감이 있어서 음식을 적게 먹어도 포만감을 느끼기 때문에 다이어트 효과도 있다. 물론 미용 효과도 있다. 또 항상 휴대가 가능하므로 편리하고 경제적이며 에너지 절약 효과도 있고 환경을 파괴할 위험도 전혀 없다. 포옹은 혈압을 급상승시키고 긴장감을 불러일으키는 분노의 감정도 맥 못 추게 만드는 효력이 있으며, 고독과 외로움을 달래 줄 수 있는 유일한 수단이며 탁월한 정신 치료제이다.

배우자와 관계를 좋게 지속하고 싶으면 주저 말고 부드럽게 껴안아라. 포옹은 상대방과 가장 밀접하게 관련을 맺고 있다는 하나의 증거이다. 키스는 건강에 좋다. 그리고 키스를 많이 하는 사람은 오래 산다(독일의 《디 짜이트》라는 주간지의 특집 기사) 키스를 하게 되면 기쁨의 창출과 환각 작용이 있는데, 키스를 하는 순간, 몸에서는 아미노산 복합 물질인 뉴러펩티드가 생긴다. 이 뉴러펩티드는 진통제 효과가 있는데 그 강도가 모르핀의 2배에 가까울 정도의 강한 효력을 지니고 있다고 한다. 또 이 뉴러펩티드는 피 속의 백

혈구(모노치텐) 활동을 활성화시켜 발병의 기회를 차단하는 중요한 역할도 하게 된다.

당신은 오늘 배우자를 몇 번이나 만져 보았고 어떻게 만졌는가? 만지면 편안해진다. 만지면 기대고 싶어진다. 만지면 사랑하고 싶어진다.

접촉은 용서와 치유의 힘을 가져다준다. 말로 감정의 표현을 다 못하겠거든 피부로 말하라. 피부 접촉을 생활화하자.

1) 사랑의 피부 접촉을 위한 지혜

① 피부 접촉이 가져다주는 기쁨이 습관화될 때까지는 적절한 시간과 장소의 고려가 있어야 한다. 접촉의 즐거움을 누리는 시간을 한 주일에 최소 한 번이라도 따로 떼어 놓자.
② 효과적인 피부 접촉을 하기 위해서는 배우자의 상태가 긍정적 인가를 먼저 본 다음에 시도하라. 예기치 않은 접촉은 간혹 오해를 불러올 수 있기 때문이다.
③ 피부 접촉을 하기 전에 피부 접촉의 의사를 말로써 미리 표현 하는 것도 좋은 방법이다.

④ 서로 접촉을 할 때에는 접촉에 대한 정보를 서로 나누어라.

⑤ 피부 접촉의 목적이 반드시 섹스에 있지는 않음을 명심하라. 사랑이 넘치는 가정의 분위기를 형성하는 데 피부 접촉의 목적이 있다.

⑥ 서로가 적극적이어야 한다. 그리고 공평해야 한다.

⑦ 눈을 감고, 캄캄한 방에서 배우자의 얼굴을 자세히 만져 보아라.

⑧ 아침에 일어나서 모닝 키스, 출근할 때 사랑의 격려 키스, 퇴근했을 때 힘을 돋우는 보약 키스, 잠자리에서의 입술 키스, 각기 생각과 기분을 달리해 시도하라.

⑨ 밤에 잠을 잘 때에는 가능하면 옷을 적게 입어라.

⑩ 청결은 기본이다. 내 몸의 주인이 내가 아니고 배우자의 것임을 알고 항상 깨끗하게 준비하고 있어야 한다.

⑪ 매일 잠을 잘 때에는 10분 정도 팔베개를 하고 누워 있는 시간을 가져라. 그리고 그 시간을 이용해 부부 간의 밀어를 나누어라.

⑫ 잠자리에서 일어나기 전 아침 포옹을 하는 시간을 필히 가지라. 30초에서 1분 정도 하는 아침 포옹은 밝고 상쾌한 하루를 보장한다.

⑬ 틈나는 대로 가까이 있어라. 가까이 있거든 손을 자주 잡아주어라. 그리고 눈을 마주쳐라. 대화를 할 때에는 30센티미터

이내에서 하라.

⑭ 항상 지속성이 있고 진실해야 한다.

⑮ 특별히 권하는 이벤트 한 가지는 특별한 날을 잡아 서로의 몸을 만지는 시간을 가지는 것이다.

2) 손가락 십계명

① 어깨를 치는 데 사용하지 않고 두드리며 격려하는 데 사용하라.

② 때려서 상처 내는 데 사용하지 않고 싸매고 치료하는 데 사용하라.

③ 손으로 내저어 거부하는 데 사용하지 않고 따뜻하게 꼭 잡아주는 데 사용하라.

④ 도박하는 데 사용하지 않고 봉사하는 데 사용하라.

⑤ 받기만 하는 데 사용하지 않고 남에게 도움을 주는 데 사용하라.

⑥ 손가락질 하며 비방하는 데 사용하지 않고 위로하며 기도하는 데 사용하라.

⑦ 요행을 바라며 투기하는 데 사용하지 않고 열심히 일하는 데 사용하라.

⑧ 어지르는 데 사용하지 않고 무언가를 배우는 데 사용하라.

⑨ 텔레비전 채널 돌리는 데 사용하지 않고 남을 위해 기도하는
   손으로 사용하라.
⑩ 나를 위해 사용하지 않고 도움을 줄 수 있는 곳에 사용하라.

오늘도 우리들의 손이 아름답게 쓰이길 소망한다.

14
아내의 말을 잘 들어줘라
(여자는 말하는 재미로 산다. '그랬구나' 법칙을 사용하라)

좋은 대화자가 되기 위하여 당신은 재치 있거나 말수가 많을 필요가 없다. 당신은 단지 듣는 방법만 알면 된다.

- 폴 틸리히

환자들이 내 정신의학 상담소에 찾아오는 이유는 그들이 하는 말을 진정으로 들어주는 사람이 없기 때문이다.

- 알렌 로이 맥기니스

마음에 이르는 길은 귀이다.

- 볼테르

열심히 들어준다는 것은 배우자에 대한 커다란 애정 표현 중의 하나이다. 남편이 아내와의 결혼 생활 도중에 가장 하기 힘들어하는 부분은 아내의 말을 남편이 잘 들어주지 않는다는 사실일 것이다. 물론 남편의 입장에서 보면 아내의 말과 투정이 아내만의 넋두리일 수도 있을 것이다. 그러나 아내의 입장에서 보면 그 말은 충분히 일리가 있는 말인 것이다.

예를 들어, 아내가 시부모님과의 문제로 자신의 입장을 남편에게 말을 한다고 생각해 보자. 아내는 자신이 시부모님과의 사이에서 생긴 문제를 자신의 입장에서 남편에게 투정을 부리고 넋두리를 할 수 있을 것이다. 그렇다면 그럴 때에 남편은 아내의 입장에서 생각해 보면 그럴 수도 있을 것이라고 생각하고 아내의 말을 끝까지 들어주고, "그랬구나"라고 위로해 주면 아내는 마음의 상처가 깊어지지 아니하고 풀어질 수 있을 것이나 남편이 아내의 입장을 이해하지 못하고 나무라거나 아내의 말을 들어 주지 않게 되면 아내는 그 부분이 상처가 되어 조금씩 쌓이게 될 것이고 그 상처가 많이 쌓이게 되면 결국은 돌이킬 수 없는 상태가 될 수도 있게 된다.

남편들이여! 아내가 말을 하면 아내의 입장에서 생각해 보고 "그랬구나"로 수긍하고 위로해 줘라. 무슨 말을 하든지 간에 남편이 아내의 말을 경청한 후 "그랬구나"로 수긍하고 위로해 주게 되면 아내는 상처를 받지 않게 될 것이나, 남편이 아내의 말을 듣지도 않고, 듣더라도 건성으로 듣거나 다 듣고서도 아내의 말을 무시하거나 나무라게 되면 아내는 많은 상처를 받게 될 것이다. 실제로 아내의 입장에서 본다면 어떤 경우에라도 그렇게 생각할 수 있는 것이 아닌가. 그러므로 어떤 경우에라도 아내를 건강하게 살게 하고 싶다면 아내의 말을 잘 들어주고 아내에게 "그랬구나"라고 하면서 아내를 위로해 줄 줄 아는 아내를 이해하는 남편이 되도록 노력하여야 할 것이다.

15
아내에게도 가끔은
자유부인이 될 수 있도록 휴가를 줘라

아내도 가끔은 자유부인이 되고 싶을 때가 있다. 가정이라는 틀에서 벗어나 처녀 때처럼 하고 싶은 것을 하거나 가고 싶은 곳을 마음껏 가고 싶을 때가 있는 것이다. 그럴 때 남편은 가끔씩 아내가 하고 싶은 것을 하게 하거나 가고 싶은 곳을 가게 하는 아량을 베풀어 주는 배려를 가져야 한다. 이것은 아내로 하여금 새로운 활력소를 불어넣어서 가정에 더욱 충실할 수 있도록 할 것이다.

아내가 가정에서 항상 밝은 모습으로 남편과 자녀를 대할 수 있게 하기 위해서는 아내로 하여금 가사를 즐겁게 할 수 있도록 분위기를 만들어 주는 역할을 남편이 해야 하는 것이다. 아내가 기분이 좋으면 당연히 남편에게도 자연히 좋은 영향이 돌아갈 것이고, 그러다 보면 자연히 자녀에게도 좋은 영향이 돌아갈 것은 정한 이치가 아니겠는가? 아내를 기분 나쁘게 만들어 놓고 아내로 하여금 좋은 표정과 좋은 감정으로 남편과 자녀들을 대하라고 주문하는 것은 말이 되지 않는 것이다.

그러니 남편들이여! 아내에게 가끔은 스트레스를 풀 수 있도록 시간과 돈과 여유를 베풀어 줘라. 그러면 그 좋은 영향이 부메랑이 되어 남편인 당신에게 돌아올 것은 분명하다.

아내에게 한 달에 한 번이나 몇 달에 한 번, 아니면 일 년에 한 번쯤은 며칠씩 휴가를 줘서 친정에 갔다 오게 한다거나, 친한 친구를 만나고 오게 한다거나, 겨울 바닷가를 여행하고 오게 한다거나, 평소 가고 싶었던 여행지를 갔다 오게 해서 삶에서 쌓인 여러 가지 스트레스를 확 풀어 버리고 새로운 기분으로 새로운 가정생활을 할 수 있도록 아내에게 휴가를 주자.

16
부모에게서 떠나라

남자가 가정을 온전히 이루기 위해서는 자신이 그동안 몸담았던 부모님으로부터 정신적으로나 물질적으로 완전히 분리된 후에라야 진정 부모를 떠났다고 할 수 있을 것이다. '떠남'의 원리가 유교적 전통을 가진 우리 한국에서는 참으로 갈등의 요소로 등장하고 있다. '떠남'이라고 하는 것은 누군가로부터의 해방을 의미한다. 육체적으로나 정신으로, 경제적으로나 감정적으로도 독립하는 것을 의미한다. 떠난다는 것은 부모의 양육을 받던 자녀의 관계에서 완전한 성인으로의 관계 전환을 의미한다. 즉, 부모와 자녀의 관계가 아닌 남편과 아내의 관계가 최우선이 되는 일대 혁신을 의미하는 것이다. 이는 단지 분가만을 의미하는 것이 아니라, 이제 독립적인 인격체로서 부모보다는 배우자에게 모든 관심을 집중하고 부부의 관계가 다른 무엇을 앞서는 최우선의 관계가 되는 것을 의미한다.

많은 경우 결혼 생활의 갈등은 우선 부모로부터 떠나지 못하는데서 비롯된다. 사실 여자는 자라면서 '떠남'에 대한 교육을 많이 받고 자라기 때문에 자신이나 부모 모두 '떠나보낼' 준비가 되어 있는 상태이다. '결혼해서 시집가면 우리 집 사람이 아니다', '처가와 변소는 멀수록 좋다'는 등의 교육을 수없이 받아 왔기 때문에 이것을 받아들이는 데 별 어려움이 없기 때문이다.

여기에서 우리는 오해해서는 안 될 것은 '부모를 떠나라'라는 말이 효도를 하지 말라는 것이 아니라는 점이다. 부모들은 자녀들 곁에 있어야 하나 자녀들 사이에 있어서는 안 된다는 것이다. 결혼 후에 부모의 의사를 존중하기는 하되 부모의 영향에서 얼마나 독립된 한 가정을 만들 수 있느냐 없느냐에 따라 그 결혼이 성공적이냐 아니냐가 구분된다.

자녀가 부모를 떠나지 않았을 때 갈등이 시작된다. 고부간의 갈등이라는 말은 부모를 떠나지 못한 데서부터 나온 말이다. 남편이 아내에게 "우리 어머니는 안 그러던데 당신은 왜 그래?", "당신은 우리 엄마 솜씨 따라 가려면 아직 멀었어!"라고 하는 것은 남편이 부모를 떠나지 못했다는 증거이다.

아울러 부모도 자녀를 떠나보내지 못해서 이런 말들을 한다. "내가 너를 어떻게 길렀는데", "내가 너의 시부모인데", "애야, 내 방에 건너와서 자거라" 등의 말들은 부모가 자녀를 떠나보내지 못했다는 증거이다.

시어머니들이여! 결혼한 자녀들은 제발 떠나보내자. 그들만의 공간과 생각을 충분히 존중해 주자. 며느리를 외인 취급하지 말고, 있는 그대로 용납해야 한다.

남편들이여! 부모를 공경하라. 그러나 남편과 아내 사이에 아무도 끼어들지 못하게 하라. 부부 관계가 최우선임을 잊지 말자.

나는 과연 부모로부터 떠나 있는가?

나의 우선순위 1번이 과연 배우자인가?

17

아내를 위하여
무엇인가 희생하라

희생이라고 하는 것은 일정한 목적을 이루기 위하여 그에 따르는 자기의 목숨, 재산, 이익 따위를 돌보지 않고 바치거나 버리는 것을 말한다. 그렇다면 사랑하는 아내를 위하여 목숨은 바치지 못할지라도 자신이 좋아하는 스포츠 중계를 포기하고 아내가 좋아하는 연속극을 볼 수 있도록 배려하는 마음이 아내를 위한 조그만 희생이 아닐까? 주중에는 열심히 직장 생활이나 사업에 충실하고 주말에는 아내를 위해 사업상 약속을 잡지 않고 아내와 가족이 함께할 수 있는 계획을 잡는 그런 마음, 저녁 술자리 유혹과 게임 등의 유혹을 과감히 포기하고 그 술자리와 게임장에서 지출할 돈을 아내가 갖고 싶어 간절히 원하던 물건이나 평소 입고 싶어 하던 옷을 선물하면 어떨까?

남편이 자신의 금전이나 시간 등을 손해 보거나 포기하지 않고는 아내에게 사랑을 선물할 수가 없다. 남편의 이러한 희생은 사랑을 타고 아내에게 기쁨과 감격을 선사하게 될 것이다.

남편들이여! 이제부터라도 아내를 위해 무엇인가 희생할 각오를 하자!

18
아내를 사랑하는
남편이 되어라

아내에게 남편은 인생의 전부일 수가 있다. 남편을 통해서 얻고 싶은 가장 큰 욕구는 남편에게 사랑받고 있다는 것을 다양하게 자주 표현받고, 부드러운 보살핌을 받는 것이다. 미국에서 행복한 부부 1,000쌍에게 한 앙케트 조사에 의하면 아내가 남편에게 받고 싶은 제1의 욕구는 부드러운 보살핌이었다. 아내의 있는 그대로를 이해하며 인정하고 받아주도록 하라. 남편의 사랑을 먹고 사는 아내이다. 셰익스피어는 "여자는 사랑을 먹고 사는 동물이다"라고 표현했다. 아내의 중요성을 인정하고 사랑한다는 표현을 때때로 하라. 아내의 말을 때대로 경청하되 눈으로 들어주도록 하라. 진지하게 들어야 한다는 것에 대한 필요성은 아무리 강조해도 지나치지 않다. 아내의 취미 생활도 도와줌으로써 자기만의 세계를 갖도록 한다.

미국의 유명한 심리학자요, 저술가인 제임스 도브슨은 『남편이 알아야 할 아내에 대한 지식』이란 책에서 다음과 같은 요소를 남편이 알아야 할 지식으로 꼽았다.

① 남편은 아내들로 하여금 자기의 욕구를 말하게 하고,
② 고립됐다는 사슬에서 벗어나도록 도와주며,
③ 여성들의 공통된 우울감에서 벗어나도록 하며,
④ 일상의 자질구레한 골칫거리를 같이 해결하도록 하며,
⑤ 자신감을 키워주고 긍정적인 사고를 하도록 도와주며,
⑥ 낭만적인 사랑의 진정한 의미를 가르쳐주라고 권한다.

19
여러 사람 앞에서
아내를 칭찬하라

남편들이 자신의 친구들이나 시댁 식구들이나 처가 식구들이 있는 곳에서 아내의 험담을 하는 것을 흔히 보게 된다. 이것은 그야말로 부부 간에 절대로 해서는 안 되는 잘못된 행동이라 아니할 수 없다.

예로부터 남자들의 세계에서는 아내와 자식 자랑을 하면 팔불출이라는 우스갯소리가 있지만 저자의 생각은 전혀 다르다. 아내와 자식들에 대한 자랑을 남편이나 아버지가 하지 않으면 누가 한단 말인가? 물론, 시도 때도 없이 아내 자랑과 자식 자랑을 늘어놓게 된다면 그야말로 주위의 눈총을 받을 수도 있겠지만 필요할 때는 여러 사람들에 앞에서 아내와 자녀의 자랑을 하자.

다른 사람들 앞에서 아내를 칭찬해 줄 방도를 찾으라. 많은 남편들이 아내를 공중 앞에서 깎아 내리지만 이와 반대로 적극적으로 공중 앞에서 칭찬하는 남편은 적다.

특히 아내에 대한 자랑은 시의 적절한 때에 잘 하게 되면 아내로 하여금 얼마나 행복한 기분이 들게 하는지 모른다. 남편 하나만 바라보고 자신의 온 생을 다 바쳐 살아온 아내가 아닌가? 갖은 수고와 헌신을 하면서도 보상 하나 받지 못하는 아내에게 많은 사람들이 있는 자리에서 아내의 칭찬을 하는 것이야말로 아내의 삶에 활력소를 불어넣어 주는 행동이 아닐까 하는 생각이 든다.

남편들이여! 이제부터는 여러 사람들 앞에서 아내를 칭찬하는 것을 주저하지 말라.

20
특별한 날(결혼기념일, 생일 등)은 특별하게 계획하라

남편들이여, 특별한 날만큼은 특별하게 지내라. 결혼기념일의 경우는 가능하면 부부만의 오붓한 시간을 보내도록 하라. 그날 하루만큼은 자녀들도 다른 가족에게 맡기고 둘만의 오붓한 시간을 갖도록 하라.

그리고 아내를 가정의 굴레와 자녀의 굴레에서 해방시켜서 결혼 당시의 기분을 낼 수 있도록 최대한 배려를 하라. 1년에 한두 번밖에 없는 결혼기념일과 아내의 생일이 아닌가? 조금 특별한 이벤트를 계획하여 아내를 즐겁고 기쁘게 만들어 주어라.

그리하면 아내는 새로운 활력소로 인하여 예전보다 더욱 가정에 충실할 것이고, 자녀들에게도 더욱더 잘할 것이다. 특별한 날은 특별하게 계획하라.

21
우선순위의 삶을 살아라
(가정이 최우선이다)

인간이 늘 자기 가족을 생각하며 사는 것은 조금도 이상한 일이 아니다. 그것은 인간이 가진 본능인 것이다. 가정이라는 핵을 중심으로 해서 점차 사고의 세계가 확대되는 것이다. 가정의 문제가 균형을 이루고 순조롭게 진행되는 가정에는 가족들의 마음이 평안하고 여유가 있다. 위기가 닥쳐와도 그것을 극복할 수 있는 능력이 생기는 것이다.

그런데 가족 간의 조화가 깨져서 생긴 가정에 속한 사람들은 문제가 생기면 방황하게 된다. 혼돈에 빠진다. 살아갈 의욕을 상실한다. 그만큼 가정은 중요한 것이다.

흔히 남편들은 가정이 조금 어렵더라도, 가정이 조금 희생되더라도 우선 돈을 버는 것이 급선무라고 생각하기도 한다. 남편이 늦게 들어오는 것이 다 가정을 위해서 열심히 뛰는 것이라고 미화하기도 하는데 그것은 위대한 착각인 것이다. 심지어 가정을 희생하면서까지 하나님의 일을 하는 것이 당연한 것인 양 착각하는 사람들도 있다.

우선순위의 삶을 살아라. 가정이 최우선이다.

제 4 장

아내가

남편에게

01
남편을
황제처럼 대우하라

남편은 아내를 황후처럼 대우하고 마찬가지로 아내는 남편을 황제처럼 대우한다면 그야말로 황제와 황후의 결혼 생활이 아니겠는가? 아내여 남편을 황제처럼 대우하라. 그리하면 당신은 황후가 될 것이다. 당신이 남편을 머슴처럼 대우하면 당신은 머슴의 아내가 될 것이다.

황후가 될 것인가? 아니면 머슴의 아내가 될 것인가? 그것은 순전히 아내 된 당신의 몫이다.

선택하라!

02
남편을 칭찬하라
(아내의 칭찬은 남편에겐 보약이다)

우리 민족은 원래 잡식성 민족이라 세계 어느 나라에 가서도 뭐든지 잘 먹고 잘 적응하기 때문에 전천후적인 국가가 될 수 있다는 소망과 비전이 있어 감사할 일이다. 보약이라면 대체로 좋아들 하는데, 특히 남성들은 몸에 좋고 정력에 좋다고 하면 뭐든지 잡아먹는 괴기한 몬도가네식 습성을 지니고 있는 것 같다.

그런데 부부 생활에서 가장 귀하게 쓰이고 있는 보약 중의 보약은 아내가 남편에게 지어 주는 칭찬과 격려라는 보약이다. 이 보약은 돈도 필요 없고 마음과 정성만 있으면 하루 한두 첩은 꼭 지어 줄 수 있는 흔해 빠진 보약이다. 아무리 못 지어도 일주일에 두세 첩은 지을 수 있는 보약이다.

아내의 존경 어린 격려가 남편에게 얼마나 큰 힘이 되고 있는지 대체적으로 아내들은 잘 모른다. 아침에 출근하는 남편에게 아내가 "당신, 오늘따라 더 든든해 보이고 멋져 보여요"라고 한마디 격려를 해 주면 남편의 출근길은 가벼울 것이고 근무지에서 일을 하면서도 하루 종일 즐거울 수 있을 것이다.

어떤 분은 아내들에게 남편이 월급 봉투를 건네주면 그냥 받지 말고 진심으로 고맙다는 표시로 큰절을 하라고 말씀하셨다. 면도 후에 깔끔한 남편의 얼굴을 보고 이렇게 칭찬할 수도 있을 것이다. "당신은 면도하고 나면 더 남성미가 풍겨요."

남편들은 아내로부터 진심으로 말하는 존경 어린 칭찬과 격려를 듣고 싶어 한다. 그러나 아내가 남편에게 칭찬과 격려를 하는 데 소금 장사보다 더 인색한 것이 오늘날 결혼 생활의 현실이다.

아내들이여! 남편에 칭찬과 격려를 아끼지 말라! 그러면 남편은 아내들에게 넘치는 사랑으로 보답할 것이다.

부부 간의 가정생활에서 아무리 강조해도 모자란다고 생각되는 것은 아내가 남편을 있는 그대로 인정해 주고 격려해 주는 것이다. 이것이 진정한 의미에서 남편에게 해 주는 보약이다. 그런데 우리 부부들은 언제부터인가 배우자의 결점과 단점을 보는 눈은 커져 있고, 장점과 좋은 점을 보는 눈은 어두워져 있는 것이다.

아내들이여, 지금 이 순간 바로 "아내의 칭찬이 남편에게는 보약이다"라는 말을 여러 번 복창하고 또 남편의 좋은 점을 20가지 이상씩 찾아 기록해 보는 시간을 가져 보라. 남편에게는 반대로 아내인 당신의 좋은 점을 20가지 이상씩 찾아 기록하도록 해 보라(다음 페이지의 '내가 당신과 결혼한 20가지 이유' 참고). 쫓기고 찌든 생활 가운데서 배우자의 좋은 점이나 장점이 전혀 없는 줄 알았는데 살아온 지난날들을 조용히 회상하면서 배우자의 좋은 점을 찾아 적어 보노라면 스스로 놀라게 될 것이다.

첫 번째는 평소에 생각하던 것보다 나의 배우자의 좋은 점이 많다는 것이요, 두 번째는 나는 별것 아니라고 생각한 것을 나의 배우자는 그것을 장점으로 적어서 칭찬해 주니 놀라게 된다는 것이다. 여기서 한결같이 공통된 점은 평소에는 칭찬하는 데 너무 인색하다는 것이다. 조금이라도 장점을 보는 눈만 뜨면 칭찬과 격려거리가 수두룩한데 말이다.

심리학자의 연구에 의하면, 남자가 강한 것 같지만 심리적으로 여자보다 더 칭찬받기를 원한다고 한다.

경우에 합당한 칭찬과 격려를 할 줄 아는 부부는 이미 부부의 행복과 사랑이 풍성한 삶을 보장받는 셈이다.

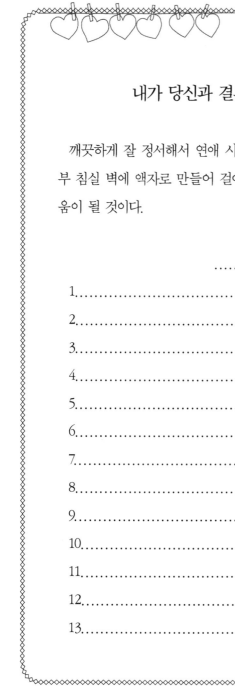

내가 당신과 결혼한 20가지 이유

깨끗하게 잘 정서해서 연애 시절이나 결혼 초기 사진과 함께 부부 침실 벽에 액자로 만들어 걸어 놓으면 '부부의 하나 됨'에 큰 도움이 될 것이다.

.... (배우자 :..................)

1..
2..
3..
4..
5..
6..
7..
8..
9..
10...
11...
12...
13...

14.···

15.···

16.···

17.···

18.···

19.···

20.···

연애하고 결혼하기 직전의 시간으로 돌아가십시오. 아주 즐겁고 좋았던 그 시절을 회상하시기 바랍니다. 그리고 그 시점에서 '당신이 참으로 좋아 보였던 이유'들을 써 보시기 바랍니다.

우리 부부가 결혼한 날:　　　년　　　월　　　일

우리 부부가 결혼한 그날의 날씨:

우리 부부가 결혼한 그날 당신이 입었던 옷

(결혼식 직후 신혼여행 출발 시):

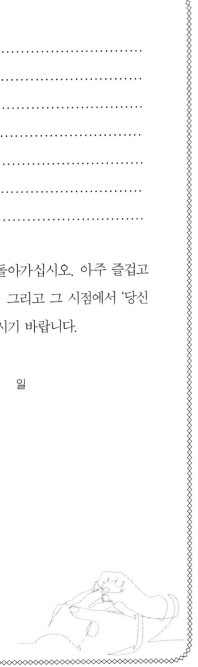

03
남편을 성공시키는
아내가 되어라

　성공한 남편 뒤에는 수고한 아내의 그림자가 있다. 미국의 프랭클린 대통령은 "남편 성공의 절반은 아내의 책임이다", "아내가 아니었다면 내가 대통령이 될 수 없었을 것이다"라고 말했다. 남편은 아내가 만들고 아내는 남편이 만든다. 남편의 못된 결점과 버릇들은 고치려고 하지 말라. 잔소리나 고상한 철학 이론이나 비판하는 잔소리로는 사람이 바뀌지 않는다.

　있는 그대로 이해하고 인정하며, 받아 주며 격려하고 칭찬할 때 변한다. 남편의 손에서 책이 떠나지 않도록 하라. 기회를 사서라도 배우는 일에 적극적으로 시간과 돈을 투자하도록 하라(전문 분야의 특강 세미나와 외국어 회화 등). 건강 관리는 남편과 같이 하며, 같은 취미를 가져라. 남편의 성공은 아내의 꿈이요, 영광이며 가문의 자랑이다.

04
잔소리를 하지 마라

잔소리는 남자들에 대항하여 사용하는 여자의 무기이다.

잔소리를 잘하는 아내는 폭력을 잘 쓰는 남편과 똑같다. 폭력과 잔소리는 남자와 여자가 가지고 있는 원시적인 무기이다. 잔소리하는 아내를 향해 애정을 계속 느끼는 남편은 아무도 없다. 오히려 남편의 마음을 강퍅하게 할 뿐이다. 잔소리는 할수록 습관화되고 체질화된다. 이렇듯 잔소리나 바가지를 긁어서는 나쁜 습관이 고쳐지지 않는다.

많은 부부들의 공통점은 배우자의 성격이나 결점을 고치려고 무던히도 애쓰고 노력하고 있다는 점이다. 그런데 그 많은 수고와 노력과 갈등 속에서 배우자의 성격이나 결점이 많이 고쳐졌는지 물어보면, 그렇지 않다는 것이 공통된 답변이다. 상대를 깎아내리는 버릇과 말은 자신은 물론 배우자까지 자멸하게 만드는 무섭고도 가공할 무기임을 우리 모두 알아야 할 것이다.

심리학자나 위기상담학자들과 부부 사역을 하는 전문가들의 의견에 의하면, 어떤 이론이나 잔소리나 혹은 바가지를 긁는다고 해서 상대방의 나쁜 버릇이나 습관이 절대로 고쳐지지 않는다는 것이다. 오히려 문제를 일으키는 배우자의 단점과 약점을 꼬집어내어 고치도록 채근하지 않고, 좋은 장점을 격려하고 칭찬할 때 자연스럽게 단점과 약점까지도 해결되는 것이다.

05
남편에 대한
존경과 격려를 아끼지 마라

남편의 장점에 시선을 집중하라. 남편이 원하는 것은 아내로부터의 진심 어린 칭찬이다. "당신이 최고예요!"라고 말할 수 있는 경우 합당하게 말하라. 자신의 일에 흡족해하는 남편의 모습을 보고 만족하라. 남편이 승진이나 출세했을 경우 "때가 되었잖아요"라고 하지 말고 "훌륭해요. 당신은 승진할 만하다고요"라고 말하라. 남편이 "나는 왜 이렇게 어리석은 짓을 했지"라고 말하면 "아니에요. 여보, 당신은 충분해요. 그렇게 생각할 이유가 없어요"라고 말하여 용기를 북돋워 줘라.

출근할 남편의 복장을 보고 "멋있다"라고 격려하라.

이와 반대로 당신의 말 한마디가 남편을 기죽이고 맥도 못 추게 하므로, 부부 관계와 가정을 불행하게 만드는 것은 누워서 떡 먹기보다 쉽다는 것도 알아야 한다. 남편의 건강한 모습을 보게 되거든 "당신의 건강한 모습을 보니 마음이 든든해요"라고 말하라.

남편을 혹평하는 것, 어리석다는 말, 다른 사람 특히 자녀들 앞에서 남편을 지적하는 말, 다른 사람과 비교하는 말 등은 남편의 자신감을 빼앗고 자존심을 상하게 한다. 더 나아가 의사소통을 단절시키고 부부 관계를 악화시킬 것이다.

칭찬과 격려의 말을 하겠다고 계획하면 일상생활에서 얼마든지 그 소재를 찾을 수 있을 것이다. 칭찬이란 투자는 큰돈 들이지 않고 많은 사람들이 원하는 부부의 행복을 배당받을 수 있는 수지맞는 장사인 셈이다.

처세술에 관한 일인자 데일 카네기의 저서 『어떻게 친구를 사귀고 사람에게 영향을 행사할 것인가』라는 책은 10년간 베스트셀러였다. 그 내용을 요약하면 "남을 인정하는 일을 열심히 할 것. 칭찬하는 일에 인색하지 말 것"이었다는 사실을 기억하라.

06
대화의 문을
항상 활짝 열어 놓아라

하루는 24시간, 1,440분이다. 이 중 최소한 5분간의 대화 시간도 투자하지 않는다면 영원히 남남이 될 수도 있다. 마음이 말을 하지 않으면 몸이 말한다. 생명의 언어, 혼의 말, 남을 살리는 말, 격려와 칭찬의 말을 많이 해야 한다.

나의 입술에서 나오는 말은 내 마음의 표현이다. 마음에 무엇을 담아 놓느냐에 따라 언어의 질이 결정된다.

부부가 사용하는 말을 바꾸면 사람의 질도 바뀐다. 남편의 말에 귀를 기울여라!

말은 그 사람의 인격을 나타내고 독창성이 있다. 창조성이 있다.

07
남자의 특성을 충분히 이해하라

남자의 특성, 성의 특성, 남자들의 독특한 속성도 이해해야 한다. 여자인 나와는 근본적으로 다르다는 것을 인정해야 한다. 당신의 남편만이 가지고 있는 특성, 습관, 버릇도 있다. 결혼식 때 서약한 것은 남편의 좋은 점뿐 아니라 못된 버릇까지 받아들이기로 한것임을 명심해야 한다.

나의 남편의 약한 부분(약점과 단점, 잘못된 습관 등)을 보완해 줄사람은 이 세상에 아내밖에 없다. 남편을 이해하고 한 남성으로 이해하자.

우리의 남편들의 어깨가 무겁다. 가족 부양의 책임, 직장에서의 문제와 갈등, 건강 등의 문제로 힘이 든다. 일반적으로 남편들은 성공 지향적, 목표 지향적, 시각 지향적이며 객관적이고, 논리적인 사고를 한다. 그러나 정서적인 면에서는 약하다.

남편은 아내에게 처녀 시절의 아름다움을 유지하기 원한다. 특히 퇴근할 때 머리와 옷과 외모를 단정히 하고 왕을 모시듯 남편을 맞이하라. 그리하면 당신을 왕비같이 대우할 것이다. "남편들은 당신이 얼마나 피곤해 있는가를 보기 전에 당신이 얼마나 아름다운가를 보고 싶어 할 것이다"(마라벨 몰간).

남편의 말을 경청하되 눈과 손과 온몸으로 들어주어야 한다. 당신이 둘도 없는 남편의 열렬한 팬임을 알려 주어야 한다.

08
건전한 자아상을 가져라

자아상이란 내가 나 자신에 대해서 가지고 있는 그림이나 형상을 가리키는 말이다.

건전하고 창조적인 자아상을 가지려면 부정적인 말을 쓰지 말고 타인과 비교하지 말고 긍정적이고도 적극적인 친구를 사귀며 매사에 긍정적인 태도를 가지고 생명의 말인 남편을 살리는 말을 사용해야 한다.

09
생명의 언어를 생활화하라

우리가 키우고 있는 자녀의 모습은 우리 부부의 복사판이다. 우리 부부는 싫어도 어쩔 수 없이 양가 부모님의 복사판이다. 버릇과 말투까지 닮았다. 하루아침에 이루어진 것이 아니다. "말에는 씨가 있다. 말은 사람을 변화시키는 능력이 있다". 우리가 심은 말이라는 씨앗은 장래에 열매를 맺는다.

내가 사용하는 말로 남편을 죽일 수도 있고, 힘과 용기를 주어 능력 있는 남편이 될 수도 있다. 부부가 사용하는 언어가 바뀌지 않으면 삶의 질이 바뀌지 않는다.

10
부부의 성생활을 즐겨라

결혼 생활 안에서 성생활은 선한 것이다. 일부 사이비 종교에서는 많은 사람들이 성에 대해 오해하고 부정적인 사고와 태도를 가지고 있는 사람들도 있다. 남편이 아내를 통해 얻고 싶은 제1의 욕구는 성적인 만족감을 '아내'를 통해 얻고 싶어 하는 것이다(1,000쌍의 이상적인 부부들에게 얻은 앙케이트 결과).

성생활에 만족하지 못하면 다른 영역까지 악영향을 미쳐서 부부 관계 중 약 90% 정도는 나빠질 것이다(잭 메이홀). 남편이 외부로부터 받는 성적인 유혹을 보호받기 위해서 실제적인 생활을 통해서 만족을 줄 수 있도록 노력해야 한다.

아내들이여! 제발 남편들에게 뒷발질하지 마라. 아내의 뒷발질에 차인 남편들은 마음에 큰 상처를 입고, 그 상처는 오래간다는 사실을 기억하라. 물론 남편이 너무 무리하게 요구할 경우 아이 달래듯이 잘 타일러서 다른 방법을 모색해 볼 수도 있을 것이다.

11
남편의 수고를 인정하라

요즈음 남편들을 보면 불쌍한 생각이 들 때가 많다. 속마음을 털어놓고 보면 남편들이 아내의 눈치를 슬슬 보면서 말을 하고 살아가는 모습을 보게 된다. 불쌍하고 측은한 생각이 든다. 많은 남자들이 기가 죽은 채 산다고 느껴진다.

상사의 비위를 맞추며 온갖 어려움 끝에 한 달에 한 번 받아 쥔 월급봉투를 아내에게 고스란히 갖다 바친 후 용돈을 더 달라고 사정하는 남편들. 요즈음은 그나마 받아 오던 월급 봉투는커녕 온라인으로 아내의 예금 통장에 곧바로 입금되는 월급 때문에 월급 봉투조차도 받아 보지 못하는 남편들. 퇴근하면 아내의 컨디션이 어떤지 눈치 봐 가며 행동하는 눈치파들, 고부간의 갈등 속에 이러지도 저러지도 못하는 어정쩡한 샌드위치형, 집에 들어와서도 갈수록 잔소리와 요구가 심해지는 아내의 요구를 다 들어주지 못하니 아예 밖에서 뱅뱅 돌다 하숙생 같이 잠잘 시간이 되어서야 늦게 귀가하는 귀가기피형 남편들이 늘어나고 있다고 한다. 나의 남편은 어떤가?

아내들이여! 남편의 기를 살려 주고 축 늘어진 양어깨에 힘을 불어 넣어 줍시다.

푹 쉬고 평안을 누리며 내일을 위해 에너지를 재충전하고 저축하는 유일한 장소가 바로 가정이다.

오죽했으면 '간 큰 남자' 시리즈가 나왔겠는가? 직장 생활을 하는 사람은 직장 생활자로서의 나름대로 고충이 얼마나 많겠는가? 사업을 하는 사람은 사업자로서 나름대로의 고충 또한 얼마나 많은가? 가정을 떠나면 밖에서 온갖 힘든 일을 다 겪고, 집에 돌아와서도 자녀들 때문에 큰소리는커녕 대접조차 변변찮게 받고 있는 사랑하는 나의 남편!

축 처진 어깨를 하고 현관문을 열고 집으로 들어서는 당신의 남편에게 달려가서 얼싸안고 남편에게 "여보! 당신 오늘 하루 너무너무 고생했어요" 하면서 남편의 수고를 인정해 주고 격려하면서 사랑의 키스를 퍼부어 줘라. 그리고 "당신 피곤하시죠? 내가 발을 씻겨 드릴게요" 하면서 남편의 양말을 벗기고 세숫대야에 물을 받아서 남편의 발을 씻어 줘라. 그리고 자녀들에게도 아빠에게 와서 인사를 하도록 교육을 시키고 아빠의 수고에 감사를 표시하게 하라. 그리하면 당신의 남편들은 새로운 힘을 얻어 더욱 열심히 당신과 자녀들을 위해 노력할 것이다.

그것이 남편의 유일한 보람이자 삶의 희망이고, 기쁨이니까.

12
데리고 온 아들(남편)을
하나 더 키운다고 생각하라

예로부터 우스갯소리로 '남자들은 철이 들면 죽는다'는 말을 많이 들어 왔다. 그 말은 아마 남자들이 대체로 여자들보다 철이 없다는 말을 빗대어서 하는 말일 것이다.

실제로 주위에서 대다수의 아내들이 남편을 향해 "철 좀 들어라"고 넋두리를 하는 것을 들은 적이 많다.

남자들은 아내와 결혼하면 아내를 때로는 어릴 적 어머니의 따뜻한 품을 그리워하며 어리광을 부리고 싶어 하고, 때로는 아내에게서 어머니의 따뜻한 품을 그리워해서 팔베개를 해 달라고 보채기도 하며, 때로는 일찍 시집간 그리운 누나를 생각하며 허벅지에 눕기도 하며, 때로는 아내에게서 사랑을 갈구하기도 한다. 이처럼 남편은 아내를 때로는 어머니, 때로는 누이, 때로는 아내로 대하고 싶어 한다. 이 세상에서 가장 편안한 곳이 어디였던가? 어머니의 품 안에 안겨 있을 때가 아니었던가.

세상의 모든 아내들이여! 남편이 일찍 철들어서 혼자 오래 살고 싶은가? 아니면 남편 철이 좀 덜 들더라도 함께 오래 살고 싶은가? 아내들이여! 이제부터 내가 낳은 아들과 내가 데리고 온 아들(남편)을 같이 키우며 살겠다고 생각하자.

아내들이여! 이제부터 남편을 7살짜리 철부지 아이라고 생각하라.

철이 좀 덜 들더라도 함께 오래 사는 것이 좋지 않겠는가?

제 5 장

위대한
어머니가 되는
비결

01
위대한 어머니가 된다는 것

무엇이나 주는 대로 받아서 자기 것을 만드는 옥토와 같은 유아들의 마음 밭에 어머니는 좋은 씨를 심어야 한다. 사랑을 심은 어머니는 인도주의자를, 탐구심과 호기심을 고취한 어머니는 발명가를, 신앙심을 심은 어머니는 종교가를 만들었다.

어머니가 되는 것은 인간 최고의 영광이요, 기쁨이요, 보람이다. 이 세상에서 어머니같이 존귀한 존재가 또 어디 있겠는가? 그 어떤 사랑도 어머니의 사랑과는 비길 수 없고, 그 어떤 높은 지위도 어머니의 지위만큼 높은 것이 없으며, 어머니를 대신할 사람도 이 땅 위에는 아무도 없다. 왜 그런지 아는가? 어머니는 인간의 생명을 잉태하고 길러 주는 사람이기 때문이다.

어머니는 천하를 다스리는 권세자도 호령할 수 있다. 세상의 그 어떤 권력자도 어머니 앞에서는 무릎을 꿇게 된다. 그러나 어머니의 가치와 위대성은, 모든 사람들이 보는 앞에 나서서 인간을 호령하고 인간을 굴복하게 하는 것에 있는 것이 아니라 보이지 않는 곳에서 겸손하게 봉사하고 눈물과 땀 어린 희생을 하는 데 있는 것이다.

인류 문화는 어머니의 사랑과 감화와 교육의 역사이다. 엘렌 케이는 "몇 천 년을 걸쳐서 우리가 태양열에 의존하는 것과 같이 인류는 어머니의 따뜻함에 의해서 존속했다"고 했다.

어머니는 태양과 같은 존재이다. 태양은 따뜻함과 빛을 주고 생명을 길러 주는 역할을 한다. 모든 만물을 밝은 빛으로 고루고루 비추어 주고, 얼음같이 찬 것도 다 녹여 버리는 태양과 같은 존재가 바로 어머니이다.

그러나 어머니의 사랑에 굶주려 있는 사람들이 얼마나 많은지 모른다. 고아원에 있는 어린이들, 소년원에 있는 청소년들, 정신병원에 있는 환자들, 교도소에 있는 죄수들은 모두 어머니의 사랑에 굶주렸다고 할 수 있다. 끝까지 참아 주고, 믿어 주고, 무조건적으로 용납하고 용서하는 어머니의 사랑에 굶주려 있다.

어머니의 사랑에 굶주리면 음식을 먹어도 배부르지 않고, 온갖 지식을 획득해도 만족하지 못하고, 그 어떤 쾌락에서도 참다운 기쁨을 얻지 못한다. 왜냐하면 어머니는 신을 대신해서 인간을 잉태하고 사랑하고 행복하게 하는 역할을 하기 때문이다.

그러나 보라! 어머니의 가슴은 위인을 길러 내는 온상도 되지만 범죄자를 길러 내는 암실이기도 하다. 아무런 꿈도 사명감도 보람도 없이 다만 본능적인 애정만으로 기르거나. 혹은 자신의 이기적인 야망을 채우기 위해서 교육하는 어머니들이 허다하다. 자신의 욕구 불만이나 불행감 때문에 자식을 올바르게 사랑하지 못하고 오히려 온갖 학대와 저주까지 하는 어머니 때문에 문제아가 생기는 등 사회적으로 불행해지는 예가 많지 않은가?

따라서 어떤 어머니가 훌륭한 어머니인가를 알기 위해서 여기 몇몇 위인의 어머니들을 요약하여 소개한다. 대부분의 위인들은 한결같이 "내가 나로 된 것은 내 어머니 때문에"라는 고백을 하였다. 링컨, 웨슬리, 워싱턴, 괴테, 칸트, 어거스틴 등의 위인들은 모두 이러한 말을 했다.

02
역사 속의 위대한 어머니들

1) 김만중의 어머니

『구운몽』, 『사씨남정기』의 작가이며 대제학, 판서를 역임한 김만중의 어머니 윤씨는 일찍 남편을 여의고 가난한 살림 속에서 자식들을 공부시켰다.

그녀는 자식들이 살림에 신경을 쓰면 공부를 제대로 할 수 없다고 생각하여 자식들에게 살림의 어려움을 말하지 않았으며, 아들들의 교육을 위해서는 돈을 아끼지 않았다. 사람들을 시켜서 전국 여러 곳으로 책을 구하러 보냈으며, 좋은 책이라면 두말없이 샀으며, 살 수 없을 때는 손수 베껴 주었다. 아들이 공부 잘하기를 소원하면서 밤낮 베틀에 앉아서 베를 짜 팔아 책을 사서 공부하게 했다.

만약 아들이 게을리 하거나 추호라도 나쁜 짓을 했을 때는 여지

없이 회초리로 때렸다. 그러나 어머니의 자식을 위한 지극한 정성과 희생적인 삶은 자식들의 마음을 비뚤어지지 않게 했을 뿐 아니라 더욱더 분발해서 부지런히 공부를 하게 했다. 마침내 김만중은 조선시대에 가장 영광으로 여기던 대제학이 되었다. 그러나 윤씨는 벼슬길에 올라선 자식들을 두고도 검소한 생활을 함으로써 자녀들의 본이 되어 자녀들에게 청빈한 선비의 얼을 심어 주었다.

2) 김숙흥의 어머니

김숙흥은 고려 때 용맹을 떨친 장군으로 그의 어머니가 그를 용맹스럽게 만들었다. 김숙흥의 어머니는 자기 집안이 무인의 집이라는 것을 알고 김숙흥을 훌륭한 무인으로 만들어 보려고 엄격한 교육을 시키면서 특히 씩씩한 무사의 기백을 갖도록 힘을 썼다.

한번은 김숙흥이 다리를 불에 데어서 울자, 화젓가락을 벌겋게 달구어 와서는 "울음을 안 그치면 이것으로 지져 줄 테다. 사내대장부가 울긴…" 하고 혼을 내 다시는 울지 않게 하고 어떤 어려움이라도 참는 훌륭한 장군이 될 수 있도록 강한 성격을 가지게 했다. 심지어 그 어머니는 산 개구리를 잡아다 생것으로 먹는 연습까지 시켰다. 과연 김숙흥은 어떠한 고난이라도 당당한 기백으로 이

겨 나가는 훌륭한 군인이 되어 드디어 귀주성을 지키는 대장이 되었다.

어머니의 생신날 김숙홍은 잠깐 귀주성을 비우고 어머니를 찾아갔다. 어머니는 조금도 반가워하지 않고 매우 호되게 야단을 쳤다.

"네가 지금 어떤 처지에 있는지 잘 생각해 봐라. 너는 귀주성을 지키는 대장이며 귀주성은 국경의 요새다. 만일 네가 네 자리를 지키지 않고 자리를 뜬 사이에 거란족이 쳐들어오면 어떻게 하려고 그러느냐? 나라를 지키는 사람이 백성을 생각하지 않고 사사로운 정으로 어미를 중히 여겨 찾아오다니 이 길로 가지 않으면 너는 내 자식이 아니다."

김숙홍은 하는 수 없이 그 길로 돌아갈 수밖에 없었다.
다시 거란족이 쳐들어 왔을 때 며칠 열심히 싸우는 동안 식량이 떨어졌다. 그러자 김숙홍은 어렸을 때 어머니가 산 개구리를 잡아 주셨던 것을 생각하고 병사들에게 개구리를 먹으라고 명령하고 자기부터 산 개구리를 잡아먹었다. 이것을 본 부하들은 용기를 내어 개구리를 잡아먹고 힘을 얻어 많은 적병을 물리쳤다. 이는 자기 자식을 어떤 사람으로 만들겠다는 뚜렷한 목표를 세우고 이 목표 달성을 위해서 최선을 다해 기어이 그가 원하는 인물로 만들어 낸 좋은 예이다.

무서운 불의의 세력을 물리치기 위해서는 이러한 용맹과 정의감을 자녀들의 맘속에 심어 주고 길러 주어야 한다.

3) 링컨의 어머니

인도주의에 의거하여 노예 제도를 폐지한 링컨 대통령의 어머니는 어린 링컨의 마음속에 따뜻한 인간애를 심어 주었다. 링컨의 어머니 낸시는 오막살이 집 호롱불 밑에서 밤마다 어린 링컨을 안고 기도하고 성경을 읽어 주었으며 남을 사랑하라고 가르쳤다. 낸시는 아들 링컨을 극진히 사랑했다.

대통령에 당선된 링컨은 "만민은 평등하다. 따라서 인간은 누구나 다 사람답게 살 권리가 있다"는 인도주의 정신을 외쳤으며 남북 전쟁을 할 때 여러 가지 어려움이 많았으나 끝내는 승리하여 학대받는 흑인 노예들에게 인간의 권리와 자유를 찾아 주는 일을 하였다.

이것은 그의 어머니가 어릴 때 그의 맘속에 사랑의 씨를 심어 주었기 때문이다. 이로써 어머니의 사랑과 어머니의 교훈이 얼마나 위대한 힘을 가지고 있는지를 알 수 있지 않는가?

4) 웨슬리 형제의 어머니

영국 감리교의 창설과 찬송가 작사를 한 요한 웨슬리와 찰스 웨슬리 형제의 어머니 스잔나는 신앙심이 깊고 명철하며 마음이 강한 여인이었다. 열아홉 자녀 중 아들 셋, 딸 일곱만 남았으나 이들을 모두 훌륭하게 키워 세 아들은 목사, 딸들은 훌륭한 교육자가 되게 하였다.

스잔나의 교육 방법은 매우 특이한 것으로 자녀들을 사춘기까지 모두 가정에서 교육시켰으며, 형이 바로 그 아래 동생을 가르치고 동생은 또 아래 동생을 가르치게 했다. 이 방법은 아이들의 실력을 키워 줄 뿐 아니라 지도력을 키우는 데 대단히 큰 도움을 주었다.

자녀들을 가르치는 데 있어서 스잔나는 대단히 엄격하고 공평했다. 칭찬과 벌을 적시에 주고, 가정 일을 싫어하게 될까 봐 벌로서 가정 일을 시키지는 않았다.

요한 웨슬리는 그의 71세 생일에 다음과 같은 글을 썼다.

"나는 30년 전과 마찬가지로 건강하다. … 나의 시력은 지금 더 좋아졌고 나의 정신은 전보다 더 건강해졌다. … 나는 노년기의 쇠약함이 하나도 없고 젊었을 때 가지고 있던 것을 그대로 잃지 않고 있다."

그는 40년 동안 매일 아침 4시에 일어나서 공부하고 1년에 4,500마일을 여행하면서 남을 도왔던 것이다. 한때 온 구라파를 부흥시킨 요한 웨슬리는 "나의 나 된 것은 나의 어머니 때문이다"라고 고백했다.

5) 조지 워싱턴의 어머니

미국 독립의 아버지 워싱턴은 투철한 민주 정신과 개척자의 자질을 지닌 불멸의 위인이다. 워싱턴이 미국 독립을 쟁취하고 초대 대통령으로 미국 국민을 위해 훌륭한 일을 많이 하게 된 것은 무엇보다 그에게 힘과 용기와 지혜를 준 어머니가 계셨기 때문이다.

워싱턴의 어머니 마리 여사는 신앙심이 깊고 근면 검소하고 의지가 강하며 현명한 여성이었다. 그녀는 늙을 때까지 대통령인 아들의 정신적인 지주가 되어 격려와 충고를 아끼지 않았다. 그녀는 자녀들이 어렸을 때부터 성경 이야기, 시, 교훈적인 말을 많이 들려주고 좋은 성구나 금언, 격언을 외우게 하고 실천하게 했다. 특히 정직을 제일의 교훈으로 삼았다.

워싱턴은 열두 살 때 아버지를 잃었다. 어머니는 아이들에게 자주 정신을 일깨우고 자기 자신도 씩씩하게 집안일과 농장 일을 다 해냈다. 마리는 다정하고 부드럽기만 한 어머니로서가 아니라, 진실로 강하고 참된 신앙심과 경건으로 가득 찬, 진정으로 우러러보고 존경받는 어머니의 위치를 세상 떠날 때까지 지켰으며 끝까지 아들의 존경을 한몸에 받고 살았다. 마리는 대통령인 아들을 두고서도 시골의 아담한 집에서 손수 일하면서 살아갔다.

워싱턴이 대통령이 되어 의회에 나갈 때면 연설문을 꼭 어머니에게 미리 보였다. 그 연설이 어머니의 승인을 받지 못하면 하지 않았다. 또한 그는 모든 의원의 반대를 받더라도 그 어머니가 옳다고 인정한 것은 끝까지 굽히지 않고 자기주장대로 했다. 대통령까지 된 아들을 교훈하고 충고하고 지도한 어머니를 보고 배우자.

6) 에디슨의 어머니

에디슨은 보통 아이들과는 달라서 사물을 확인하려는 의욕이 대단히 강했다. 다섯 살 때 오리가 알을 품고 있는 것을 보고 "저 오리는 무엇을 하고 있어요?"라고 어머니에게 물었다. 어머니는 "저 것은 알을 따뜻하게 해서 그 속에 있는 새끼를 낳으려는 것이다"라고 답했다. 그랬더니 에디슨도 계속 그 오리알을 품고 있었다는 우스운 이야기가 있다.

에디슨이 학교에 입학한 후에도 이러한 지식욕과 탐구욕은 변함이 없었고, 계속 이상한 실험을 했다. 선생님에게도 "선생님 하나에다 하나를 더하면 왜 둘이 되지요?"라는 식의 질문을 많이 했다. 선생은 에디슨이 이상한 질문만 하고 이유도 모를 실험만 계속하자 에디슨을 저능아로 생각하고 어머니를 불러서 자기는 그런 아이를 가르칠 수 없다고 했다. 이때 어머니는 말했다. "내 아들은 바보가 아닙니다. 아마 대단한 천재일 것입니다. 선생님이 못 가르치겠다면 내가 가르치지요". 에디슨의 어머니는, 초등학교 선생이었기 때문에 아들을 잘 가르칠 수 있었다.

어머니는 입학한 지 삼 개월 만에 저능아라고 퇴학당한 에디슨을 꾸짖거나 나무라지 않고 신념을 가지고 가르쳤다. 에디슨은 모든 것에 의문을 가지고 어머니에게 귀찮을 정도로 묻고 또 물었다. 세상의 모든 것이 에디슨에게는 수수께끼였고 그것을 풀어야만 속이 시원했다. 에디슨의 어머니는 자기 아들에게 비범한 소질과 재능이 있음을 발견하고 자기가 대답할 수 있는 데까지 대답하여 아들의 왕성한 탐구열과 지식욕을 만족시켜 주려고 했다. 어머니는 아들이 위대한 과학자나 발명가가 될 것이라고 생각하고 모든 질문에 성의껏 대답했다.

부모가 자녀를 위해서 해야 할 가장 귀중한 것이 무엇이겠는가? 자녀의 숨은 소질과 재능을 발견하여 키워 주는 일만큼 중요한 일도 없을 것이다. 에디슨의 어머니는 실로 위대한 업적을 남겼다. 에디슨이 84세에 세상을 떠날 때에는 1,869개나 되는 것을 발명해서 '발명왕'이라는 이름까지 붙게 되었다. 이 모든 것이 어머니 덕택이 아니겠는가?

7) 괴테의 어머니

뛰어난 재능으로 모든 방면에 도전하여 인간의 가능성을 최대한으로 보여 주려고 노력한 사람이자, 작가요, 사상가요, 자연과학자요, 그리고 정치가로서 오래도록 인류에게 사랑과 존경을 받은 사람이 바로 괴테이다.

괴테가 모든 방면에서 훌륭하게 일을 해 낼 수 있었던 것은 그에게 창조의 힘과 만물에 대한 사랑이 있었기 때문이었다. 이것은 그의 어머니 엘리자베스의 사랑과 교육에서 얻어진 것이었다. 괴테는 양친으로부터 재산과 훌륭한 소질을 물려받았지만 가장 귀하게 받은 것이 어머니의 사랑이었다.

엘리자베스는 명랑하고 슬기롭고 사랑이 충만한 여성이었다. 그녀는 괴테에게서 예민한 감수성과 총명함을 발견하고 그것을 키워주려고 했다. 밤마다 엘리자베스는 어린 괴테에게 재미있는 얘기를 들려주었다. 그런데 얘기를 끝까지 들려주지 않고 중간쯤에서 마치고 그다음은 괴테로 하여금 짓게 하여 이튿날 밤에 괴테가 지은 이야기를 어머니께 하도록 했다. 애정이 충만한 어머니와 총명한 아들이 서로 교환하는 이 이야기는 세상의 어느 것보다 아름다운 것이었다. 괴테는 상상력이 점점 풍부해졌다. 모든 것을 무심히 보지 않고 어머니께 이야기를 들려주려고 열심히 생각했다.

어머니의 충만한 사랑을 받은 괴테는 그 사랑을 타인에게로, 다른 사물에게로 전달했다. 여기에서 많은 작품과 연인과의 사랑, 친구와의 사랑, 노인과 어린이와의 사랑이 쏟아져 나왔고, 인간뿐만 아니라 식물이나 동물도 관찰하고 사랑할 수 있게 되었다. 보라, 어머니의 다정다감과 사려 깊은 애정 표현과 지혜로운 지도가 한 인간을 얼마나 크고 훌륭하게 만들었는가?

8) 이율곡의 어머니

조선 시대의 학자 중에 가장 뛰어난 분이 이율곡이며, 조선 시대

여인 중 가장 모범적인 여인이 이율곡의 어머니 신사임당임을 모르는 사람이 없을 것이다. 사임당은 어려서부터 재주가 뛰어나 시, 서에 능하고 그림을 매우 잘 그렸다. 재주뿐 아니라 그 성품에 있어서도 매우 어질어서 착한 며느리, 아내, 어머니, 딸로서의 역할을 모두 훌륭히 해낸 한국 여성의 사표이다.

특히 사임당이 어머니로서 훌륭했다는 것은 몸소 교육에 유익한 행동만을 자녀들 앞에서 했다는 점이다. 이것이 가장 훌륭한 부모의 자격이 아니고 무엇이겠는가? 완전한 인간상의 본을 보이는 것처럼 어려운 것은 없다. 그뿐만 아니라 사임당은 일찍부터 자녀들의 자질을 찾아내어 이를 가꾸는 데 소홀히 하지 않았다는 점이다. 맏딸 매창은 시화에 능했으며 막내아들 우는 서화에 능했다. 사임당은 특히 율곡의 재질과 인품이 그 형제들을 능가하는 것을 발견하고 세심한 관심을 기울였다.

사임당은 지극한 효성과 조심스런 행동을 몸소 행함으로써 자녀들을 감화시켰다. 시어머니를 정성들여 모시고 남편의 뜻을 거스르지 않도록 언제나 사려 깊은 조언을 해 주는 어머니를 따라 아이들은 저절로 예절 바르고 착한 행동을 하게 되었다.

사임당은 아이들을 가르치는 데 있어서 사랑을 중요시했다. 언제나 겸허하고 부드러운 인품으로 자녀를 가르치고, 심지어는 자기의 죽음이 임박했을 때도 자녀 교육을 위해서 남편에게 다음과 같이 부탁하기도 했다.

"7남매가 있어 후사는 걱정이 없사오나, 혹시 내가 죽더라도 재혼하지 마옵소서. 잘못하여 자식들의 교육을 그르칠까 염려스럽습니다."

얼마나 훌륭한 어머니인가?

이율곡이 우리나라뿐만 아니라 중국에서도 동방의 성현으로 추앙을 받게 된 것은 그 이면에 이러한 어머니가 있었기 때문이다.

이상으로 대표적인 몇 위인들의 어머니들을 살펴보았다.

이들은 모두 뚜렷한 가치관과 확신과 교육에 대한 목표와 방법을 가지고 있었다. 이들은 모두 자녀들에 대한 극진한 사랑과 엄한 훈련을 겸했으며, 자녀들의 소질을 인정했으며, 이것을 키워주려고 성심성의껏 노력했다. 이들은 말로만 교훈을 준 것이 아니라 손수 좋은 본을 보였다.

무엇이나 주는 대로 받아서 자기 것을 만드는 옥토와 같은 유아들의 마음 밭에 어머니는 좋은 씨를 심어야 한다. 사랑을 심은 어머니는 인도주의자를, 탐구심과 호기심을 고취한 어머니는 발명가를, 신앙심을 심은 어머니는 종교가를, 선비의 얼을 심은 어머니는 학자를 만들었다.

어머니의 손은 이렇게도 위대한 일을 할 수 있다.
어머니들이여! 당신들의 고귀한 직책을 활용하라.

03
행복한 엄마 되기

엄마가 행복해야 행복한 아이를 기를 수 있다. 또 아이들은 행복한 부모 밑에서 행복하게 큰다. 아이가 행복하게 자라길 바란다면 우선 행복한 가정을 꾸려야 한다. 그 안에서 아이는 편안하여 뭐든 할 수 있다.

아이를 진정 사랑한다면 행복한 아빠를 주어야 한다. 그러니 아이를 위해서도 성숙한 부부 관계를 유지해야 한다. 참고 인내하며 가정을 아름답게 가꿔야 한다. 자녀를 기르며 자녀로 인해 부모가 울 수는 있어도 자녀가 부모 때문에 눈물짓게 해서는 안 된다. 정 어렵다면 우선 엄마가 행복해져야 한다. 그래서 평화로운 가운데 아이를 길러야 한다. 엄마가 행복해야 아이가 행복하다. 그것은 아이와 엄마는 딴 몸이지만 한 그루이기 때문이다. 그리고, 엄마는 '참 행복'에 집중해야 한다.

넓은 의미에서 교육은 사는 법을 알아 가는 것이다. 처음이 시답지 않아 보여도 아이 스스로 시작하는 게 중요하다. 아이 자신의 힘으로 시작하면 의욕이 샘솟아 알아서 공부한다. 그게 아이와 부모, 그 가족, 사회 모두의 행복을 위해서 가장 좋은 방법이다.

어떤 엄마들은 조급하여 엄마가 진정 해야 할 일, 엄마의 가치와 역할을 알지 못하고 무엇을 가르칠까에만 연연한다. 어떻게 살까 또는 어떻게 행복해지는가엔 관심이 적다. 살면서 인간이 누려야 할 알맹이는 놓친 채 지식만 어린아이의 머릿속에 넣으려고 한다.

또한 많은 부모들은 우리나라 교육 현실을 탓하며 남의 나라로 이민을 가 버린다. 우리나라에서도 유학생 부럽지 않은 나름대로의 세계를 가꿀 수 있다. 마음만 다르게 먹으면 우리나라 안에서도 얼마든지 아이들이 여유롭게 학창 생활을 즐기고 개성을 키우며 살 수 있다.

분명 우리 공교육에도 문제는 있다. 문제 있는 선생님이 없는 것도 아니다. 하지만 우리 엄마들도 자신의 문제를 생각해 봐야 한다. 학교 교육이 불안한 나머지 내 아이만이라도 살리자는 욕심과 경쟁심으로 과도한 사교육 열풍을 만드는 것은 아닌지, 공부하라고 재촉한 것이 거꾸로 다른 아이들을 쓰러뜨리라고 하는 것이 되는 것은 아닌지, 결과적으로 자신의 아이들을 불행하게 만드는 것은 아닌지 생각해 봐야 한다. 아이의 행복이 무엇일까를 꼼꼼히 살펴야 한다.

행복한 가정에서 행복한 아이가 자란다. 그러므로 엄마 스스로가 자신을 사랑하고, 스스로를 칭찬하고, 자신을 존중하라. 그리고 엄마가 남편을 존경하므로 자녀들이 엄마의 모습을 보고 자연히 아빠를 존경하면 가족 구성원 모두가 행복하다. 그리고 가족 구성원들 간의 추억이 쌓이면 행복이 저절로 쌓이게 된다.

어릴 때면 아프면 아프다, 힘들면 힘들다고 말했습니다. 그러나 청년 시절 철이 들 나이가 되어선 남들에게 내색하지 않았습니다. 아무도 내가 처한 고통과 어려움을 눈치 재치 못했습니다.

그러나 어머니만은 알아채셨습니다. 지금도 그 이유를 모르겠습니다. 청년 시절 회사에서 잘린 날도, 대학 등록금을 마련하지 못한 날도, 여자 친구로부터 결별 선언을 들은 날도, 오히려 더 웃으며 힘들지 않은 척했습니다.

그러나 어머니는 어떻게 아셨는지 걱정스러운 말투로 물으셨습니다.
"무슨 일이냐?"
"아무 일도…."

"에미는 다 알아, 무슨 일 있었던 것 같은데…."

더 이상 숨길 수 없어 일의 전후 사정을 말씀드리면 어김없이 어머니는 내 손을 잡으며 말씀하십니다.

"오히려 잘된 일일지도 몰라."

남편 없이 보따리 장사로 자식 하나 키우신 어머니는 내 고통을 해결해 줄 돈도, 인맥도 없는 분이었기에 그저 말 한마디밖에 해 줄 게 없는 분이 었습니다.

처음엔 저런 말씀 백번 하면 뭐 하나 생각했습니다. 그러나 이제 난 압니다. 나를 절망에서 건져주고 성공으로 이끈 말이 바로 항상 어머니가 해 주신 그 말이란 것을.

- 김진배(유머 강사)

04
자녀를 망치는 엄마들

자녀를 망치는 엄마들은 과연 어떤 모습들일까?

1) 소리 지르는 엄마

소리 지르는 엄마는 자녀가 난청이 아니라는 사실을 모르는 엄마이다. 자신은 꽥꽥 소리 지르며 고함치고 떨리는 목소리로 외치면서도, 자녀가 왜 자기 뜻대로 되지 않을 때 꽥꽥 소리 지르며 고함치고 떨리는 목소리로 외치는지는 이해하지 못한다. 다른 사람이 있으면 때때로 자제하지만, 어떤 때는 다른 사람이 있어도 막무가내다. 병원에서, 슈퍼마켓에서, 심지어 온 동네가 다 듣도록 소리지르는 엄마를 보았을 것이다. 자녀에게만 소리 지르는 것이 아니므로, 그녀는 전 가족의 삶을 비참하게 만든다. 남편까지도!

2) 잔소리하는 엄마

"철수야, 너 머리 깎을 때가 되었구나", "철수야, 언제 머리를 깎을 테냐?", "철수야, 진절머리가 난다! 머리 좀 깎아라!"

잔소리꾼 엄마에게서는 순종적인 자녀가 나오지 않는다. 성경에는 "잔소리 심한 아내는 쉴 사이 없이 떨어지는 물방울과 같다"고 표현하고 있다. 기분 좋은 현상은 아니다. 우리는 꽉 잠기지 않는 수도꼭지에서 연이어 떨어지는 물방울 소리가 얼마나 사람을 짜증나게 하는지 알고 있다. 귀찮게 잔소리하는 엄마의 모습 그대로이다.

3) "아버지 오시면 보자"라고 말하는 엄마

"철수야, 쓰레기통을 밖에 비우고 와라!", "철수야, 아직도 쓰레기통을 비우지 않았어?", 철수야, 쓰레기통을 비우랬는데 아직도 안비웠구나! 아버지가 집에 오실 때까지 그냥 기다려만 봐라! 혼꾸멍 날 줄 알아라!"

철수는 이런 상황을 어떻게 생각할까? "엄마가 말하는 것은 들을 필요가 없어. 아빠가 말씀하실 때 해도 괜찮으니까!"라고 생각하거나, 아빠를 무서운 사람이라고 여기는 반면, 엄마는 자기를 너무 사랑하는 나머지 혼낼 줄을 모른다고 생각한다. 아니면 아빠는 자기를 사랑하시지도 벌하시지도 않을 것이므로, 쓰레기통을 비우든 안 비우든 상관이 없다고 생각할 것이다.

우리가 이 상황을 어떻게 보든지 간에, 잘못은 철수의 엄마에게 있다. 왜냐하면 그녀는 아들에게 순종을 가르치지 못했기 때문이다.

4) 철저하지 못한 엄마

"철수야, 네 방을 청소하지 않으면, 영철이가 와도 오늘 밤 함께 놀 수 없다."
그러나 철수는 방을 청소하지 않는다. 그럼에도 불구하고 밤새 놀 수 있게 된다.
"밥 안 먹으면, 간식도 안 된다!"라고 해 놓고 금방 "자, 넌 밥은 잘 안 먹어도 간식은 잘 먹지 않니. 다른 애들도 잘 먹더라. 어서 좀 먹어라!" 한다.

"이리 와서 신발 신어라. 철수야!", "빨리 신어. 셋까지 셀 테다. 하나, 둘, 셋! 철수야, 애, 빨리 신으라니까!", "철수는 신발 신기를 싫어하나 봐!"

때때로 어머니들은 아이의 조그만 잘못을 벌하지 않고 그냥 지나치는 경향이 있다. 그러다가 한계에 다다르면 우리 어머니들은 발끈 화를 낸다. 이런 함정에 빠지지 말라. 늘 그러고 싶지는 않을 테지만, 즉각적인 처벌이 자녀가 잘못을 되풀이하지 않게 하는 유일한 해결책이다.

5) 자유방임적인 엄마

계속 바쁜 일이 있어서 자녀와 많은 시간을 함께하지 못했을 경우, 아니면 직장에 나가기 때문에 자녀를 소홀히 대한다고 느끼는 경우, 엄마는 너무 "오냐오냐" 하는 식이 되기 쉽다. 자녀가 하자는 대로 비위를 모두 맞추어 준다고 훌륭한 어머니가 되는 것은 아니다.

자녀의 응석을 받아 주어 버릇없이 만들면, 자녀는 다른 사람들도 자기의 기분을 맞춰 주길 바라게 된다. 그는 자기 뜻대로 되지 않으면 불행해진다. 당신은 자녀가 꿈속에서가 아니라, 세상에서 현실적으로 살아갈 수 있도록 가르쳐야 한다.

6) 감싸고도는 엄마

우리 어머니들은 자녀를 보호(과잉보호가 더 적절한 말일 것이다)하고 싶어 하는 경향이 있다. 엄마들은 귀염둥이가 무슨 짓을 하든지 관대히 눈감아 주고 싶어 하는데, 아버지들은 그렇지 않을 수도 있다.

어느 날 스물세 살 된 청년이 취업 신청 용지를 써 내느라 한 사무실에 들어섰다. 여기서 중요했던 부분은 그가 어머니와 함께 왔다는 사실이다. 그가 용지를 채워 쓰는 동안 그 어머니는 아들을 팔로 감싸고 있었다.

자녀가 맡은 일을 게을리하고 잊어버리기 일쑤일 경우, 엄마는 남편이 아이를 벌하지 못하게 하려고 아이를 대신해서 변명하는 수가 있다. 귀염둥이가 아빠와 씨름을 할 경우, 엄마는 아빠가 너무 매정하다고 느낄지도 모른다. 남자아이를 키우다 보면, 어느 정도 성장할 때까지 싸우고 야단법석 떠는 것이 보통 있는 일이다. 성인이 되어 집에 오더라도 마찬가지이다.

자녀를 어린애 취급하지 마라! 독립심을 길러 줘라. 일이 뜻대로 되지 않는다고 해서 눈물을 줄줄 흘리는 아이가 되지 않게 해라. 어떤 아이들은 다른 아이들보다 특별히 감정적일 수도 있으나, 아이들은 보통 부모의 본을 받는다. 부모가 주위 상황으로 인해 의기소침하지 않는다면, 자녀들도 마음속에 밝은 노래와 얼굴에 피어나는 미소로 세상을 마주할 것이다.

7) 성내는 엄마

아빠가 자녀들에게 지나친 자유를 허용하기 때문에, 그래서는 안 되겠다고 생각하는 엄마는 신경질적이다. 남편이 가장이라는 사실을 기억하라.

남편이 자녀들에게 놀이동산에서 롤러코스터 타기를 허용한다면 아내는 질겁한다.

그러나 내버려둬라. 남편에게 능력이 있는 한, 남편이 함께 있는 자리에서는, 남편이 아이들을 맡아 책임지도록 해야 한다.

제6장

훌륭한
아버지가 되는
비결

01

훌륭한 아버지가 된다는 것

아버지는 자녀에게 있어서 가장 가까운 친구이며, 또한 무엇이나 잘 알고 많이 아는 선생이고, 어려울 때 의지하고 보호받을 수 있는 이상적인 아버지가 되어야 한다. 아버지의 든든한 팔에 안겨서 애정이 넘치는 아버지의 눈을 바라보면서 산을 넘고 강을 건너면서 다정하게 이야기를 주고받는 부자를 상상해 보라. 존경하고 신뢰하는 부자 관계는 바로 이와 같은 초기 경험에서부터 시작되어서 평생토록 계속되어야 한다. 인간관계 가운데 가장 가까운 관계가 부자 관계가 아니겠는가? 아버지의 생명의 연장이 아들이 아닌가? 이 관계가 먼저 좋아야 다른 사람들과도 좋은 관계를 맺을 수 있는 것이다.

아버지가 좋아서 견딜 수 없는 심정을 가지게 하라. 아버지의 무릎에 앉아서 아버지의 재미있는 이야기를 듣고 아버지와 같이 놀고 아버지와 같이 무엇을 만들고… 이러한 아빠에 대한 아름다운 추억은 자녀에게 훌륭한 유산이 된다. 아빠는 가장 가까운 친구이며, 아빠는 무엇이나 잘 알고 많이 아는 선생이고, 어려울 때 의지하고 보호받는 이상적인 부모가 되어야 한다.

아버지의 역할과 어머니의 역할은 구분할 수가 없다. 그러나 아버지들은 자녀 교육을 어머니에게만 일임하고 자기들이 해야 할 일에 무관심하기 때문에 여기서 아버지의 역할을 새삼스럽게 말하지 않을 수 없다.

인간은 누구나 다 가정이란 곳에서 양친 사이에 출생되고 양육받도록 만들어졌다. 즉, 인간으로서 행복하고 원만하게 성숙되고 성장하기 위해서는 아버지의 보호와 사랑과 지도가 반드시 필요한 것이다. 어머니의 사랑만 받은 아동보다 양친의 사랑을 다 받고 자란 사람이 훨씬 더 원만한 인격을 형성한다. 성장의 오랜 과정을 거쳐야 성숙할 수 있는 최고의 고등 동물인 인간에게는 최대한의 사랑과 양육과 교육이 필요한 것이다. 그러므로 사람은 아기 때부터 아버지가 필요하다.

자녀들은 아버지 대리인을 원하지 않는다. 아버지가 해야 할 일은 이 세상 그 누구도 할 수 없는 것이다. 아무리 바쁘다고 해도 가정교사나 다른 사람에게만 자녀들을 맡길 수 없는 것이다. 아버지들은 국가나 사회를 위해서 하는 일들이 많기 때문에 자녀 교육은 어머니나 가정 교사나 할머니가 해야 한다고 생각하기 쉽다.

　그러나 나라를 위해서 가장 먼저 해야 할 중대한 일은 자녀들을 잘 교육하는 것이다. 자녀 교육만큼 중요한 일은 없다는 것을 깨달아야 한다. 훌륭한 사람만 만들어지면 훌륭한 정치, 외교, 예술, 문학, 도덕도 따라오는 것이다. 그러므로 아버지는 어머니와 똑같이 자녀 교육에 대한 책임을 완수해야 한다.

　그러면 훌륭한 아버지는 어떤 역할을 해야 할까?

> 내게 이런 자녀를 주옵소서
> 약할 때에 자기를 돌아볼 줄 아는 여유와
> 두려울 때 자신을 잃지 않는 담대성을 가지고
> 정직한 패배에 부끄러워하지 않고 태연하며
> 승리에 겸손하고 온유한 자녀를
>
> 내게 주옵소서
> 생각해야 할 때에 고집하지 말게 하시고
> 주를 알고 자신을 아는 것이
> 지식의 기초임을 아는 자녀를
> 주옵소서

원하옵나니 그를

평탄하고 안이한 길로 인도하지 마옵시고

고난과 도전에 직면하여

분투 항거할 줄 알도록 인도하여 주옵소서

그리하여

폭풍우 속에서 용감히 싸울 줄 알고

패자를 관용할 줄 알도록

가르쳐 주옵소서

그 마음이 깨끗하고

그 목표가 높은 자녀를

남을 정복하기 전에

먼저 자신을 다스릴 줄 아는 자녀를

장래를 바라봄과 동시에

지난날을 잊지 않는 자녀를

내게 주옵소서

이런 것들을 허락하신 다음 이에 더하여

내 자녀에게 유머를 알게 하시고

생을 엄숙하게 살아감과 동시에

즐길 줄 알게 하옵소서

자기 자신에게 지나치게 집착하지 말게 하시고

겸허한 마음을 갖게 하시사

참된 위대성을 소박함에 있음을 알게 하시고

참된 지혜는 열린 마음에 있으며

참된 힘은 온유함에 있음을 명심하게 하옵소서.

그리하여 어느 날 나 아버지는

내 인생을 헛되이 살지 않았노라고

고백할 수 있도록 도와주시옵소서

아멘….

- 맥아더 장군이 48살 때 얻은 아들을 위해 드린 기도

02
훌륭한 아버지의 역할

1) 자녀들과 시간을 나누라

21세 된 한 청년이 판사 앞에 선고를 받기 위해 섰다. 그 청년의 아버지는 유명한 판사였다. 그 청년은 "우리 아버지는 나를 위해서는 시간을 내지 않으셨어요. 내가 도움을 청할 때마다 아버지는 바쁘셨어요. 그분은 너무 바빠서 한 번도 나를 도와주거나 충고를 해 준 적이 없어요. 내가 지금 여기 서 있는 것도 아버지 책임이에요"라고 말했다.

어떤 아버지는 아들에게 다음과 같이 말했다. "나는 평일에는 한 시간씩 일요일에는 두 시간씩 너와 함께 지내겠다. 이것이 나의 성탄 선물이다". 이 얼마나 귀한 선물인가? 아이들에게 필요한 것은 바로 이것이다.

아이들의 이야기를 들어주고, 인생의 귀중한 여러 가지를 자상하고 친절하게 가르쳐 주며, 또한 이들과 같이 노는 시간을 제공하는 아버지를 가진 자녀들은 얼마나 행복하고 또 훌륭하게 자랄 수 있겠는가?

2) 이상적인 남성상을 보여 줘라

세실 마이어스 씨는 다음과 같은 말을 했다.

"여러분의 아들은 자기가 존경할 수 있고, 또 모방할 만한 남자를 필요로 합니다. 딸들도 역시 그렇습니다. 아버지는 딸들에게 있어서 미래의 남성을 판단할 수 있도록 해 주는 기준입니다. 딸이 선택한 배우자가 마음에 들지 않는다면 그것은 당신으로부터 남성의 이상형을 잘못 받아들인 결과라는 것을 기억하십시오. 아버지가 훌륭하고 행복하게 생활하는 남자라면 후에 딸도 그런 남성을 고르기 쉽습니다."

스포크 박사의 말을 들어 보자.

"아들은 아버지를, 딸은 어머니를 본받고자 하는 욕구, 즉 동일시의 욕구를 가지고 있습니다. 남성다움, 여성다움은 많은 경우에 본을 보고 배운다고 합니다. 3, 4세부터 사내아이는 자기가 아버지와 같은 남자라는 것을 알게 됩니다. 그리고 그는 아버지의 일거수일투족을 다 눈여겨보게 되고 아버지처럼 행동하려고 합니다. 그는 아버지가 이 세상에서 가장 훌륭하다고 생각하고, 그 위대한 아버지를 모조리 흉내 냅니다. 딸에게 있어서 첫 이성의 모델은 아버지입니다. 아버지는 이 세상에서 처음으로 만나게 되는 이성이며, 이성에 대한 시각을 결정지어 주는 대상입니다. 그러므로 어린 딸 앞에서는 아버지의 언동 하나하나가 모범이 되어야 합니다. 딸이 아버지가 이성이라는 것을 깨닫는 것은 만 3, 4세부터입니다. 딸이 아버지로부터 사랑을 받고 있다는 것을 느끼는 것은 딸의 장래에 대단히 중요합니다. 만일 딸이 아버지로부터 차별 대우를 받는다면 그는 이성 전체에 대해서 혐오감이나 불쾌감을 가지게 됩니다. 아버지는 미래의 남성상을 판단하는 기준이 되므로 아버지가 훌륭하면 딸도 그런 남편을 고르게 됩니다. 아버지 없이 자란 아들은 장성해서도 남편의 역할을 잘 해 내지 못하며, 결혼 실패율이 높다고 합니다."

이와 같이 아버지는 이상적인 남성상을 보여 주어야 할 의무가 있다. 즉, 관대하고 용감하고 강력하고 공평하며 적극적이고 진취적인 성품을 보여 주어야 한다. 아이가 걱정하고 실망했을 때는 "그것쯤은 아무것도 아니다. 여기 아버지가 있지 않니? 염려하지 마라!"는 말을 해 주어야 한다. 이런 아버지는 아이가 실수를 했을 때는 큰소리로 웃어 버리고 만다. 태산과 같이 든든한 느낌을 가지게 하는 아버지, 어떤 어려운 일도 아버지가 도와주면 해 낼 수 있다고 느끼게 하는 아버지, 아무리 큰 잘못을 저질러도 끝까지 믿어 주고 용서해 주는 아버지가 되어 줘라.

아버지는 참 신사도의 본을 보여 주어야 한다. 참으로 관대하고 온유하고 겸손한 이상적인 인간상의 본을 보여 줄 사람은 바로 아버지이다. 여자나 약자를 보호하고 이들에게 공손하게 대하고 특히 어머니에게 더욱더 부드럽고 따뜻하게 대해 주어야 딸과 아들이 다 같이 아버지를 본받게 된다. 여자를 무시하고 큰소리로 고함을 지르고 권위만 내세우는 아버지를 보고 자란 어린이는, 아무리 이성적으로는 그것이 나쁘다고 판단하고 그러한 사람이 되지 않겠다고 생각해도 결국은 그러한 아버지나 남편이 되고 만다.

아버지로서의 권위를 보유하면서도 가장 인자하고 겸손한 사상과 지식, 인격, 신앙 면에 있어서 조화를 이룬 최선의 인간상을 보여 주기 바란다.

남존여비 사상을 대담하게 바꿔라. 새 역사 창조는 새 가정 창조로부터 시작된다.

3) 훈련을 하라

아버지는 어머니 혼자서 감당하기 어려운 자녀 훈련의 역할을 나누어야 한다. 어머니는 여러 경우에 있어서 마음이 약하고 다정다감해서 자녀들을 엄중하게 훈련하기가 어렵다. 아버지는 대개 건전한 인생관과 가치관과 사상과 권위와 법과 질서를 대표하는 사람이다. 크고도 깊은 애정을 가지면서도 불의는 추호도 용납하지 않는 단호하고 엄중한 태도를 보여야 하며 옳고 그른 것을 분명하게 알게 해 주어야 한다.

자녀들은 순종하는 것을 배워야 한다. 아버지가 없거나 혹은 아버지로서 권위를 상실한 가정에서 자란 자녀들은 방종하기 쉽고, 어머니에게 순종하지 않고 괴롭히는 경우가 많다. 어머니 혼자 힘으로 자녀를 원만하고 행복하고 바르게 키운다는 것은 대단히 어려운 것이다.

아버지는 자녀들로 하여금 순종하게 할 중대한 임무가 있다. 자녀들은 엄중한 부모를 오히려 좋아한다. 일정한 규율하에서 잘하면 인정과 칭찬이 있고, 잘못하면 꾸중과 벌이 있는, 질서가 있고 권위가 존재하는 가정에서 자라야 오히려 안정감을 가질 수 있는 것이다.

그러나 자칫하면 아버지는 사랑과 존경과 신뢰의 대상이 되지 못하고 공포의 대상이 되기 쉽다. "쉿, 떠들지 마라. 아버지가 오신다!"는 말은 아버지가 오히려 공포의 대상이 된 것을 나타내고 있다. 가장 친밀하고 다정한 관계를 맺어야 하는 아버지를 무서워만 하고 두려워서 할 수 없이 복종만 한다면 어떻게 다른 사람과 올바른 사랑의 관계를 맺고 살 수 있겠는가? 이런 사람은 인간을 모두 증오의 대상, 공포의 대상으로 삼기 쉽다.

4) 관심을 가져라

인간의 생명은 너무나 귀중하다. 인간은 국가나 사회를 파괴할 수도 있고 건설할 수도 있다. 이 한 생명이 좋게 혹은 나쁘게 형성되는 과정에 있는 어린 시기에 어떻게 이들에게 등한시할 수 있고 무관심할 수 있겠는가?

아버지는 아이들의 감정의 움직임과 생각과 요구에 민감해야 하며, 이들의 내면 세계에 어떤 일이 일어나고 있는가를 볼 줄 알아야 한다. 이들이 어떤 친구를 사귀고 있고 취미가 무엇이며 무엇을 갈망하고 있는지 알고 이 모든 것에 관심을 가지고 함께 울 수 있어야 한다.

케네디 대통령은 아무리 바빠도 언제나 아이들과 같이 지내고 보트도 타면서 재미있는 이야기를 들려주는 시간을 가졌다고 한다. 카터 대통령도 매일 어린 딸에게 밤에 이야기를 들려주고 잠을 재웠다고 한다.

한국 어린이들이나 청소년들은 모두 너무나 바쁜 생활을 하고 있다. 그들은 학교 숙제나 과외 공부나 특기 지도를 받으러 다니는 데에 시간을 다 뺏기고 있다. 이들은 부모에게 자신의 문제를 이야기할 시간조차 얻기가 힘들다. 그러므로 아버지는 식사 시간이나 휴일을 이용해서 자녀와 대화를 나누고 이들의 문제와 요구를 알고 이들을 돕는 일에 최선을 다해야 할 것이다.

만일 어머니가 직장에 나갈 경우에 아버지는 어머니와 똑같이 자녀들을 돌보아야 할 것이다. 미국 가정과 같이, 때에 따라서는 남자들도 부엌에 들어가서 요리를 하고 청소를 하고 아기를 돌보는 것이 행복한 가정을 만드는 데 도움이 될 것이다.

아버지가 자주 아기에게 우유도 먹이고 목욕도 시키고 기저귀를 갈아 주는 역할을 해야 부성애를 발전시키는 데 도움이 된다.

5) 어머니의 부족을 보충하라

아버지, 어머니는 피차 결함의 보충자 역할을 해야 한다. 양친 중에 한 쪽에서 자녀를 잘못 취급할 때면 다른 쪽에서는 바르게 취급해야 한다.

만약 어머니가 애정이 부족하면 아버지는 더 풍족한 애정을 자녀에게 쏟아야 하고, 어머니가 자녀를 과보호할 경우는 아버지는 좀 더 엄하게 교육해야 할 것이다. 만약 양친이 똑같이 잘못 교육하면 아이들을 구제할 길이 없을 것이다. 그러므로 아버지는 어머니의 자녀 교육법을 잘 알아서 보충과 조화의 역할을 하도록 힘써야 한다. 양친은 항상 자녀 교육의 원칙과 방법이 일치되도록 상의해야 한다. 중요한 것은 아버지의 권위가 상실되지 않도록 하는 것이다.

이스라엘 가정에서는 아버지가 절대적인 권위를 가지고 있다고 한다. 이들 가정에서는 아버지만이 앉을 수 있는 의자가 따로 마련되어 있다. 그 의자에는 누구도 앉지 못하게 되어 있고 그 의자는 아버지의 권위를 상징한다고 한다.

가정은 질서와 규율을 가진 한 단체이므로 반드시 권위가 존재해야 한다. 자녀들은 이 권위를 존중하고 규율을 따르고 권위에 순종함으로써 그 가정의 전통과 도덕률을 이어 가고 지켜 나갈 수 있는 것이다.

6) 훌륭한 아버지상을 보여 줘라

미국의 몇몇 심리학자들과 의사들은 성공적인 아버지들에게는 다음과 같은 여섯 가지 공통점이 있다는 데 합의를 보았다고 한다.

(1) 좋은 아버지는 일찍부터 자녀와 꾸준히 접촉해야 한다

훌륭한 아버지들은 매일 자녀들과 꾸준하게 접촉한다. 가끔 가다 한 번 하루 종일 같이 지내는 것보다는 하루에 한두 시간이라도 자주 시간을 갖는 것이 훨씬 자녀들과 가까워질 수 있다. 그러나 이런 시간이 행복하고 의미 있는 것이어야지 야단치는 것으로 일관해서는 안 된다. 하버드 의대 마이클 요그만 박사는 아기가 태어난 첫날부터 부자 사이의 이런 의미 있는 관계가 시작되어야 한다고 했다. 보스턴 아동 병원에서 실험한 결과에 의하면 생후 며칠된 아기들도 아빠의 모습, 소리, 그리고 만지는 것에 확실한 반응을 보였다고 한다.

(2) 좋은 아버지는 자녀들이 필요할 때 항상 거기 있어야 한다

심리학자 실러 박사는 문제 아동 상담 때마다 어머니만 나타나고 아버지들은 거의 오지 않는다고 지적했다. 보통 아버지들은 자녀가 아플 때엔 신경을 많이 쓰지만, 정신적인 문제에는 무관심한 경우가 많다. 자녀에게 문제가 생겼을 때 아버지가 곁에 있다는 것은 큰 힘이 된다.

(3) 좋은 아버지는 자녀들과 노는 방법을 안다

아버지는 자녀가 아기 때부터 함께 놀아 줘야 커서도 함께 놀아 줄 수 있다. 공을 아기 눈앞에서 흔들어 주는 간단한 것으로부터 시작하여 아이가 점차 자라면 아빠는 선생, 코치, 놀이 친구, 때로는 경쟁자가 될 수 있다. 그러나 놀이가 부담이 되도록 강요하거나, 잘 못 한다고 꾸짖어서는 안 된다. 일요일에는 아이들을 데리고 공원, 수영장, 동물원, 야구장 등에 구경 가서 아이가 어떤 것을 좋아하는지 알아보아야 한다.

(4) 좋은 아버지는 대화 방법을 알아야 한다

아무리 시시한 이야기라도 경청해 줄 수 있는 아버지라야 한다. 좋은 아버지는 옳고 그름을 판단하기에 앞서 항상 자녀들의 입장에서 얘기를 듣고 이해해 주려고 한다.

⑸ 좋은 아버지는 마주 보고 신경질을 내지 않는다

자녀들이 사춘기를 맞으면서부터 아버지와 부딪치는 경우가 잦아진다. 어른도 아이도 아닌 이 시기 자녀들의 불안정한 행동은 일시적이란 것을 명심하고, 단단히 버릇을 잡아 놓는다는 식으로 해서 역효과를 부르지 말아야 한다. 아이가 무언가 잘못했을 때 손님 앞에서 벌을 주는 것은 잘못이다.

⑹ 좋은 아버지는 스스로 권위를 요구하는 대신 자연스럽게 존경을 받아야 한다

성공적인 아버지의 한 사람인 조각가 알 두카는 자녀로부터 존경은 "함께 이야기하고 들어주고 시간을 보내고 사랑해 줌으로써 얻어진다"고 말한다.

흔히 사춘기를 지나고 나면 기회가 없어진다고 하나 꼭 그런 것은 아니다. 10대 아들과 늘 거리감을 느껴 왔던 한 아버지는 아들과 자동차에 대한 공동 취미를 발견함으로써 아주 가까운 친구가 된 경우가 있다.

이상의 방법들은 쉬운 것이면서도 지키기는 여간 어렵지 않다.

아버지들이여! 자녀들이 다 자란 후에 이들을 고치려고 하지 말고 일찍부터 자녀들을 올바르게 길러야 한다. 자녀 교육에 시간과 정력과 애정을 좀 더 많이 쏟아 줘라.

03
이런 아빠는
낙제생 아빠

1) 아이를 위해 시간을 내라

어릴 때 어른들이 "일 년 농사를 망치면 내년에 다시 지으면 되지만 자식 농사는 다시 지을 수 없다"라고 하시는 말씀을 자주 들었을 것이다. 자식은 낳기보다 훌륭하게 키우기가 얼마나 어려운지 키워 봐야 안다. 우리 주위에도 돈도 벌고 명예도 얻었지만 자식 농사는 잘못 지어 후회하며 한숨짓는 이들이 얼마나 많은지 모른다.

아마 한국인 중에 30대 아빠들이 가장 바쁠 것이다. 회사 업무로 윗사람에게 실력을 인정받아 승진을 해야 하는 압박감, 집 장만이라는 가정의 목표, 아이들에게 시달리는 아내 요구, 양가 부모와의 관계 등 참으로 어려운 시기를 살고 있는 사람들이 30대 아빠들인 셈이다. 갓 결혼해서 자녀 한둘 갖고 힘겹게 생활하는 이 30대 부부들이 가장 지도하기 힘든 연령층이라고 지도자들이 이구

동성으로 말하고 있다. 이처럼 힘든 30대 아빠라고 자녀들이 그냥 기다려주지 않는 데 우리의 고민이 있다. 우리 어린 자녀들은 인생 여정 중에 가장 중요한 시점에 놓여 있기 때문이다.

2) 아빠 역할, 바쁘다고 포기할 수 없다

요즘 어린 아이들은 어떤가? 쌍둥이도 세대차를 느낀다는 말이 있듯이 자녀들은 젊은 아빠를 보면서도 한참의 세대차를 느낀다. 일본에서는 십대를 신세대라 하지 않고 신인류라고 한다. '뉴키즈 사건'을 우리 젊은 아빠들은 얼마나 이해하고 있을까? 그때 초등학생들도 한몫 끼었다고 한다.

요즈음 초등학생들은 과거 부모들이 중학교 시절에 겪은 일들을 겪고 있다. 영양 상태도 좋고, 조숙하고, 또한 영상 매체를 통하여 매일 홍수같이 쏟아지는 정보량에 엄청난 자극을 받고 자라기 때문에 발달 가속 현상을 받고 있다. 그러나 이들의 정신세계는 이것들에 비해 성숙되지 못한 데에 큰 문제와 갈등이 있다. 이런 정신 공해 속에서 젊은 아빠 노릇하기는 더욱더 힘들기 마련이다.

지금 현재 내 자녀들의 현 주소는 두말할 것도 없이 우리 부모의 복사판이요, 책임이다. 누구에게 핑계하고 책임전가를 할 수 없는 것이다. 지금의 내 자녀는 부모가 말이라는 씨앗과 삶을 통해 뿌려 놓은 씨앗이 점점 자란 열매인 것이다. 자, 그러면 어렵다고 부모의 책임을 포기할 것인가? 그러면 어떻게 자녀들에게 황금 같은 시간을 내어 투자할 것인가?

3) 이런 아빠는 낙제생 아빠

우선 젊은 아빠들은 여러 가지 일 때문에 시간이 부족하다는 것은 삼척동자 같은 아이들도 알고 있다. 그럼에도 아이들을 위해 정기적인 시간을 내어 투자해야 한다. "품 안에 있을 때 내 새끼다"라는 말이 있듯이 아이들이 어릴수록 아버지의 사랑과 세심한 배려와 지도가 필요하다. 조금만 크면 친구가 더 좋고, 이성 친구가 생기면 부모는 자연스레 그들에게는 관심 밖의 존재가 되는 것이다.

시간이 없다는 핑계로 거의 매일을 일찍 출근하고 늦게 들어오며, 공휴일은 늦잠 자는 것이 일과요, 친구들과 모였다 하면 그 유행병처럼 번진 고스톱에 몰두하는 유형의 아빠라면 자격 미달, 낙제생 아빠라고 보아야 할 것이다. 그래서 일단은 시간을 내야 한다. 지혜롭게 시간을 관리하는 요령을 터득하면 얼마든지 자녀들을 위해 시간을 낼 수 있을 것이다.

미국의 유명한 부흥사 빌리 그레함 목사가 급히 대통령으로부터 백악관에서 만나자는 전갈이 왔으나 그의 자녀들과 선약이 있다는 이유로 거절했다는 유명한 일화가 있다.

자녀들과 정기적으로 만나 같이 놀아 주고, 그들의 생각과 고민을 같이 걱정하며 풀어 나갈 때 우리 자녀들은 꿈나무처럼 구김 없이 쑥쑥 자랄 것이다.

4) 같이 느끼고 같이 나눠라

어렵게 낸 시간을 어떻게 지혜롭게 활용할 것인가?

첫째, 그냥 같이 놀아 주는 것이다. 아이들은 가정의 어른인 아버지가 같이 놀아 주고 같이 있어 주는 것만으로도 만족하고 흐뭇해할 것이다. 같이 놀아만 줘도 좋아하는데 아이들이 좋아하는 스포츠를 함께 즐기면서 하면 더 이상 바랄 것이 어디 있겠는가?

둘째로, 같이 여행을 하는 것이다. 굳이 여름에 사람이 엄청나게

몰리는 곳으로 갈 필요가 없다. 불쾌지수만 높아질 뿐이다. 일 년 중 조용한 시간에 시간을 내어 탐구 여행을 해도 좋고, 유적지 탐사 여행도 좋고, 단순한 등산도 좋다. 오가며 지난날들의 경험담도 들려주고, 조상의 뿌리, 우리나라의 역사에 대해서도 아는 대로 이야기해 주면 좋을 것이다.

지금 일본에서는 아버지와 아들 팀만을 모아 동남아 오지 탐사 여행을 많이 다녀오고 있다고 한다. 기간도 장기적으로 극기 훈련을 겸해서 다목적 여행이 되는데, 과잉보호로 자란 신인류 젊은이들에게는 참으로 유익한 경험이 된다고 한다.

K씨는 은행 지점장이다. 그는 지난여름에 두 가정 여행을 지리산으로 떠났다. 지리산의 해발 800미터 고지에서 온가족이 지낸 것은 생애 가장 좋은 경험이었다고 말했다. 자기의 배낭을 메고 힘겹게 올라갈 때는 고생 모르고 자란 아이들은 불평투성이었고 며칠 있는 동안 여러 가지 고생이 많았지만 지금은 모두 하나같이 가장 기억에 남을 추억이 될 것으로 확신한다는 것이다.

세 번째로는 가족끼리 감명 깊은 영화나 연극을 관람하는 것도 좋은 방법이 될 것이다. 같이 보고 느낌을 나누며 공감한다는 것은 한참 자라는 자녀들의 정서 생활과 인격 형성에 큰 영향을 두고 두고 미칠 것이다.

네 번째로 일대일로 교제하는 것이다. 아이들이 어느 정도 자라면 아버지가 일대일로 교제해 주어야 한다. 좀 어리더라도 한 인격체로 대해 주고 그들의 고민도 일대일로 들어주면 놀랍게 아이들이 성숙해지는 모습을 발견하게 될 것이다. 지금 초등학생들이 가장 고민하는 것은 성적 문제이며, 가장 원하는 것은 부모들이 공부를 강요하지 않고 때에 맞춰 칭찬을 해 주는 것이다.

'대교문화'가 어린이날을 맞아 전국의 10개 도시 4~6학년 학생 799명을 대상으로 설문 조사한 결과가 나왔다. 그 결과는 어린이들이 자기 고민을 아버지에게 의논하는 경우는 10명 중 4명에 불과하여 젊은 아빠의 존재가 가정에서 소외되고 있음을 보여 준다.

내 자녀가 아무리 어려도 그들 나름대로 고민을 가지고 있다. 어른인 부모들이 볼 때는 아무것도 아닌 문제인데 아이들은 태산같이 느끼고 고민하는 것이다. 이럴 때 아버지가 일대일로 데리고 나가서 평소에 좋아하는 자장면이나 맛있는 음식을 사 주고 대화를 나눈다면 아마 자기 아버지를 마음 깊이 존경할 것이다.

다섯 번째로 가끔 책방에 데리고 나가면 좋을 것이다. 어릴 때부터 책과 친해지는 습관을 심어 주는 것은 부모의 책임이다. 특히 아버지가 퇴근 후에 책을 읽고 연구하는 모습을 보고 자란 아이들은 책을 가까이 하게 되고 독서의 습관과 훈련이 자연스럽게 붙는 것이다. 어른들 중에서 1년을 지나며 책 몇 권도 읽지 않고 지내는 사람들을 보면 참으로 답답함을 느낀다. "세 살 버릇 여든까지 간다"는 속담과 같이 독서 습관과 훈련의 책임은 아버지 몫이다.

우리 자녀들은 부모가 가르치는 대로 배우는 것이 아니고 본 대로 배운다. 특별히 과외 공부다, 재능 교육이다 해서 극성을 부린다고 훌륭한 사람이 다 되는 것이 아니다. 부모가 평소에 서로 사랑하고 섬기며 살아가는 모습을 보고 자란 아이들은 자연스레 어른이 되면 그렇게 살게 되어 있는 것이다. 우리 자식은 복사한 우리의 모습이다. 질서 없이 아무 때나 되는 대로 살면 보기 싫은 막도장 같이 복사될 것이요, 서로 사랑하고 섬기며 남을 위해 사는 모습대로 복사하면 보기 좋은 인감도장같이 될 것이다.

아무튼 가장 중요한 평생 투자인 자녀를 위해 우리 젊은 아빠들은 시간을 내어야 한다. 황금 같은 시간들을 지혜롭게 투자하여 나중에 우리 모두 낙제생 아빠가 아닌 우등생 아빠가 되었으면 하는 바람이다.

시험 문제가 쉬웠나 보구나!

아들 형제를 둔 가정이 있었습니다. 형은 늘 100점만 받는 소위 모범생이었습니다. 그러나 동생은 늘 놀기를 좋아하고 친구들을 좋아해 성적이 그리 신통치 않았습니다. 그래서 아버지에게 늘 형과 비교를 당하며 자랐습니다.

"네 형 좀 닮아 봐라, 이 못난 놈!"

동생은 운동도 잘했고 친구 관계도 좋았지만 아버지가 그런 것은 인정해 주지 않았습니다. 그는 아버지에게 칭찬을 받고 싶었기 때문에 열심히 공부해서 90점을 받았습니다. 늘 70점대였던 그가 90점을 받았으니 칭찬을 기대할 만도 했습니다. 그러나 아버지가 말했습니다.

"야, 인마, 형은 늘 100점인데 너는 90점 받고 뭘 잘했다고 그러냐? 못난 놈!"

그는 또 실망했습니다. 그러나 가정의 최고 권위자인 아버지로부터 칭찬한 번 듣고 싶어 정말 열심히 공부해서 100점을 받았습니다. 너무 기뻐서 졸린 눈을 비벼 가며 아버지가 돌아오시길 기다렸습니다.

약주를 한잔 하시고 늦게 들어오신 아버지에게 달려가 "아빠, 나 100점 받았어요!" 하고 외쳤습니다. 아버지는 시험지를 잠깐 들여다보더니 휙 마루에 집어 던지며, "이번에는 시험 문제가 쉬웠나 보구나!" 하면서 방으로 들어가 버렸습니다.

동생은 너무 마음이 아파 그날 밤 거의 잠을 자지 못하며 울고 또 울었습니다.

"내가 공부하나 봐라. 공부하면 내가 성을 간다."

그 결과 중학교를 재수로, 고등학교도 재수로, 대학교는 삼수로 들어갔다는 것입니다. 늘 열등감과 수치심으로 힘든 삶을 살아간 것입니다.

아버지가 무심코 던진 한마디의 말이 자녀의 운명을 바꿀 수도 있습니다. 내가 무심코 던진 30초간의 말들이 누군가를 30년간 고통의 골짜기로 이끌어갈 수도 있습니다.

- 김성묵(아버지 학교 국제운동본부장)

참고 문헌

1. 슈테판 클라인 지음, 김영옥 옮김, 『행복의 공식』, 웅진지식하우스, 2006

2. 박명호, 『불화 없는 행복한 가정』, 석국, 1992

3. 조엘 오스틴 지음, 정성묵 옮김, 『긍정의 힘』, 긍정의힘, 2009, p.296

4. 박영한, 『웃음 치료 건강법』, 버들미디어, 2006, p.44, p.75

5. 꿈이 많은 사람, 『입술의 열매 1』, 솔라피데출판사, 1997

6. 꿈이 많은 사람, 『입술의 열매 2』, 솔라피데출판사, 1997

7. 로버트 치알디니 지음, 황혜숙 옮김, 『설득의 심리학』, 북이십일, 2019

8. 신연식, 『사랑은 가정의 기초입니다』, 기독지혜사, 1993

9. 히구치 유이치 지음, 홍성민 옮김, 『사람이 따르는 말 사람이 떠나는 말』, 북스캔, 2008

10. 룰프 가복 지음, 이기승 옮김, 『하루에 한 번 자녀를 축복하라』, 두란노, 2004

11. 이요셉·김채송화, 『하루 5분 웃음운동법』, 스타리치북스, 2017

12. 신연식, 『자녀에게는 가능성이 있습니다』, 기독지혜사, 1993

13. 가토 다이조 지음, 김은진 옮김, 『행복한 아이로 키우고 싶다면 부모가 먼저 버려라』, 중앙M&B, 2001

14. 가나모리 우라코 지음, 이병희 옮김, 『참으로 마음이 행복해지는 책』, 주변인의길, 2002

15. 루스실로 지음, 은영미 옮김, 『유태인의 자녀교육』, 나라원, 2014

16. 최효찬, 『세계 명문가의 자녀교육』, 예담, 2006

17. 스티븐 코비 지음, 김경섭 옮김, 『성공하는 사람들의 7가지 습관』, 김영사, 2017

18. 나카타니 아키히로 지음, 이선희 옮김, 『20대에 하지 않으면 안 될 50가지』, 홍익출판사, 1998

19. 김영진, 『10대여, 네 안의 힘을 믿어라』, 웅진씽크빅, 2005

20. 초록생명지킴이, 『똑같이 공부하고도 2배의 효과를 내는 9가지 방법』, 고려원북스, 2005

21. 루 비어즐리 지음, 김미경 옮김 『사랑받는 아내 존경받는 엄마』, 나침반, 1997

22. 하워드 헨드릭스, 『부부가 함께 만드는 작은 천국』, 파이디온선교회, 1992

23. 윤경남 외, 『부부 십계명』, 영한문화사, 1986

24. 하워드 핸드릭스, 『부부의 역할과 성교육』, 파이디온선교회, 1992

25. 김종주, 『행복한 부부 사랑의 보약』, 예솔, 1996

26. 서형숙, 『엄마학교』, 큰솔, 2006

27. 여운학 외, 『나에게 보내는 희망편지 77』, 규장, 2005

28. 폴 루이스 지음, 김동찬 옮김, 『멋진 아버지들의 5가지 습관』, 기독교문사, 1996